# FEMINISMO

## UM GUIA GRÁFICO

CATHIA JENAINATI
E JUDY GROVES

SEXTANTE

Título original: *Introducing Feminism*

Copyright de texto © 2007 Cathia Jenainati
Copyright das ilustrações © 2013 Icon Books Ltd
Copyright da tradução © 2020 por GMT Editores Ltda.
Todos os direitos reservados. Nenhuma parte deste livro pode ser utilizada ou reproduzida sob quaisquer meios existentes sem autorização por escrito dos editores.

*tradução:* Beatriz Medina
*preparo de originais:* Rafaella Lemos
*revisão:* Flávia Midori e Sheila Louzada
*revisão técnica:* Ruth Manus
*projeto gráfico e diagramação:* Ana Paula Daudt Brandão
*ilustrações e imagem de capa:* Judy Groves
*capa:* Tereza Bettinardi
*impressão e acabamento:* Lis Gráfica e Editora Ltda.

CIP-BRASIL. CATALOGAÇÃO NA PUBLICAÇÃO
SINDICATO NACIONAL DOS EDITORES DE LIVROS, RJ

J51f     Jenainati, Cathia
         Feminismo: Um guia gráfico/ Cathia Jenainati; ilustrações de Judy Groves, Jem Milton; tradução de Beatriz Medina. Rio de Janeiro: Sextante, 2020.
         176 p.; 16 x 23 cm.

         Tradução de: Introducing Feminism: a graphic guide
         ISBN 978-85-431-0946-6

         1. Feminismo - História - História em quadrinhos. 2. Feministas - História História em quadrinhos. I. Groves, Judy. II. Milton, Jem. III. Medina, Beatriz. IV. Título.

20-62164                         CDD: 305.42
                                   CDU: 316.346.2-055.2

Todos os direitos reservados, no Brasil, por
GMT Editores Ltda.
Rua Voluntários da Pátria, 45 – Gr. 1.404 – Botafogo
22270-000 – Rio de Janeiro – RJ
Tel.: (21) 2538-4100 – Fax: (21) 2286-9244
E-mail: atendimento@sextante.com.br
www.sextante.com.br

# O que é feminismo?

Qualquer tentativa de "apresentar o feminismo" invariavelmente enfrenta numerosos desafios. Por onde começar, quem incluir, o que deixar de fora e em que ponto parar são considerações importantes. Este livro traz uma visão geral do movimento feminista nos países de língua inglesa, destacando o pensamento feminista na Grã-Bretanha e nos Estados Unidos, embora também se refira a outros contextos quando pertinente.

O livro reconhece e pretende homenagear a variedade de pontos de vista feministas que se desenvolveram na história das mulheres, tomando como premissa a famosa definição de bell hooks:

O feminismo é a luta para pôr fim à opressão sexista.

*Feminismo: Um guia gráfico* traça o desenvolvimento histórico e social dessa luta.

bell hooks

# O que é patriarcado?

Um bom ponto de partida para pensar o movimento feminista é chegarmos a um consenso sobre o significado da palavra "patriarcado". Uma definição prática é a de Chris Weedon:

"**Patriarcais** são as relações de poder em que os interesses das mulheres estão subordinados aos dos homens."

"Essas relações de poder assumem muitas formas, da divisão sexual do trabalho e da organização social da procriação até as normas internalizadas de feminilidade segundo as quais vivemos."

"O poder patriarcal se baseia no significado social dado à diferença sexual biológica."

O termo "feminismo" começou a ser usado por volta da década de 1890, mas a luta consciente das mulheres para resistir à discriminação e à opressão sexista é muito mais antiga.

# Biologia é destino

Já no século IV a.C., **Aristóteles** (384-322 a.C.) declarou que as mulheres eram mulheres "em virtude de certa falta de qualidades". Seu antecessor, o historiador e general grego **Tucídides** (c. 460-400 a.C.), tinha alguns conselhos a dar às mulheres:

*É uma grande glória para uma mulher não mostrar mais fraqueza do que é natural a seu sexo e não ser falada, bem nem mal, pelos homens.*

Tucídides

O pensamento mais antigo sobre a diferença entre homens e mulheres se baseava em ideias **essencialistas** sobre gênero e afirmava que essa diferença é resultado da biologia. A crença de que biologia é destino sugere que, em situações semelhantes, os homens exibem características psicológicas "masculinas", como agressividade, racionalidade e assertividade, enquanto as mulheres demonstram características "femininas", como gentileza, intuição e sensibilidade. Acreditava-se que essas diferenças se traduziam em padrões próprios de pensamento, sentimento e comportamento específicos de cada gênero.

## Lógica ou emoção?

O essencialismo vê os homens como seres capazes de pensar em termos lógicos, abstratos e analíticos, enquanto as mulheres são criaturas basicamente emocionais, compassivas e acolhedoras.

O pensamento essencialista teve repercussões na vida privada e pública das mulheres. No ambiente privado, as ideias essencialistas se traduziram em regras de conduta para a mulher nos papéis de esposa, mãe e filha. No espaço público, acreditava-se que a participação das mulheres deveria ser limitada e estritamente controlada por um representante masculino de autoridade, como o marido, o pai, o clero, o Estado.

As ideias essencialistas sobre as mulheres marcaram o pensamento ocidental durante séculos e propunham a existência de uma essência feminina natural e biologicamente determinada que é universal e imutável.

"A mulher é volúvel e muda sempre."
**Virgílio** (70-19 a.C.)

"A mulher é um homem imperfeito."
**Tomás de Aquino** (1225-1274)

E Hamlet, personagem de **William Shakespeare** (1564-1616), exclamou de forma memorável:

"Fraqueza, teu nome é Mulher!"

As feministas lutam há muito tempo contra esses mitos sobre gênero.

# O feminismo no início da Idade Moderna

No início da Idade Moderna (1550-1700), a sociedade inglesa se baseava na autoridade do pai.

As mulheres não tinham direitos formais e não eram representadas na lei. Embora algumas conseguissem receber educação superior, elas não tinham permissão para obter o diploma do curso que tinham feito. No casamento, o corpo da mulher pertencia ao marido, que também era o único guardião legal dos filhos.

O feminismo no início da Idade Moderna questionava a visão social predominante de que as mulheres eram criaturas fracas e irracionais que deveriam ser controladas pelos homens. Alguns acontecimentos políticos contribuíram para esses esforços, sobretudo a ascensão da Rainha Elizabeth I ao trono, em 1558, e seu longo e bem-sucedido reinado como mulher solteira.

Então vieram a **Guerra Civil** inglesa, o período do **Interregno** (de 1642 a 1660) e a **Revolução Gloriosa**, de 1688.

Esses eventos colocaram em xeque o poder supremo do rei e demonstraram que era possível desafiar o domínio patriarcal.

## Reinterpretando a Bíblia

No final do século XVI, começaram a proliferar textos sobre as questões da mulher, com vários ensaios que questionavam o ideal da mulher "casta, calada e obediente". Em 1589, *Her Protection for Women* (Sua proteção para as mulheres), de **Jane Anger**, reinterpretou o Gênesis.

Se Deus criou o homem do pó e depois fez a mulher do corpo do homem...

... então as mulheres são seres mais puros e elevados do que os homens.

A *Muzzle for Melastomus* (Uma mordaça para boca negra), de **Rachel Speght** (1617), debatia a história da queda de Adão do Jardim do Éden e discordava da suposição implícita de que Adão fora seduzido por Eva para comer a maçã: "Se não aprovasse o ato de Eva e não estivesse disposto a seguir os passos dela, Adão, sendo seu superior, a teria recriminado."

Discute-se até hoje se autoras como Jane Anger, Rachel Speght, **Esther Sowernam** e **Sarah Egerton** eram realmente mulheres. Alguns críticos acreditam que eram pseudônimos que visavam a debates literários, não a reformas políticas. No entanto, havia uma clara preocupação com as percepções tradicionais sobre as mulheres e um desejo ativo de questioná-las.

## Mulheres independentes da Igreja

Lawrence Stone, que escreveu sobre a condição política e socioeconômica das mulheres na Inglaterra do século XVII, sugere que, já na Guerra Civil da década de 1640, as mulheres tinham um papel importante na interpretação religiosa e participavam de igrejas independentes, onde podiam debater, votar e até profetizar. Elas buscaram reinventar seu papel reivindicando uma posição de destaque na sociedade e na religião.

Não seremos esposas nem ataremos nossa vida à vil escravidão.

# A primeira ação política

Em 1642, mulheres pobres que trabalhavam em vários ofícios se revoltaram coletivamente e marcharam até Londres para apresentar uma petição às câmaras dos Lordes e dos Comuns. Queriam que a lei reconhecesse sua condição de indivíduos trabalhadores e melhorasse a situação da classe como um todo. Dizem que o duque de Richmond, ao receber tais exigências, respondeu com sarcasmo:

*Fora daqui com essas mulheres. Seria melhor termos logo um Parlamento só de mulheres.*

Conta-se que, naquele momento, a multidão de quase 400 mulheres o atacou e quebrou seu cetro.

As trabalhadoras inglesas continuaram protestando sempre que as decisões políticas discriminavam a elas ou à sua classe. Embora esses primeiros esforços não possam ser chamados de "feministas" no sentido contemporâneo da palavra, o sentimento coletivo de injustiça dessas mulheres e sua determinação para combater leis injustas atestam a existência de uma **consciência feminina** que as unia.

# "Às damas"

Em 1688, a Revolução Gloriosa resultou na rejeição do patriarcado monárquico, com a deposição de James II, dando início a uma onda intensa de publicações de mulheres como **Aphra Behn** (1640-1689) e **Lady Chudleigh** (1656-1710), cujo poema "Às damas", de 1703, exprime bem o sentimento da época:

Às damas
Tanto faz ser esposa e ser criada,
A diferença só o nome guarda.

E quando "obedeça" se proclamar
E por lei o homem supremo se tornar,

Como um rei do Oriente, feroz, temível,
Com seu rigor inato já visível,

Rejeitai então esse estado vil,
Odiai todo bajulador servil.
A vós, respeito; os homens, desprezeis;
Orgulhai-vos, e sábias sereis.

# Primeiros pontos de vista

## A Sociedade dos Amigos

Em 1652, os quacres fundaram na Inglaterra a Sociedade dos Amigos. Os quacres não aceitam nenhuma forma de hierarquia. Eles não tiram o chapéu para ninguém, como ficou evidente no encontro entre o famoso quacre William Penn e o rei francês Charles II.

William Penn

*Recusei-me a tirar o chapéu e expliquei ao rei que os quacres só se descobrem diante do Senhor.*

Essa crença na igualdade social era excepcional para a época e se traduzia numa série de atitudes originais em relação a raça e gênero. Entre 1755 e 1776, os quacres foram ativos no combate à escravidão e criaram sociedades para promover a causa abolicionista.

Na família, eles não diferenciavam os papéis sociais de homens e mulheres, por isso muitas mulheres quacres tinham instrução superior e tinham atuações importantes na política e na educação. As quacres viajavam desacompanhadas, participavam da administração da Igreja e pregavam para um público misto.

Em consequência, acredita-se que, no século XIX, "as mulheres quacres representassem 40% das abolicionistas, 19% das feministas nascidas antes de 1830 e 15% das sufragistas nascidas antes de 1830".

*Durante muitos anos, a luta das mulheres por direitos iguais e por representação justa na sociedade foi equiparada à causa abolicionista.*

Mary Maples

# A Idade da Razão

Nos séculos XVIII e XIX, muitas figuras femininas notáveis falavam abertamente sobre a necessidade de questionar a posição social subordinada das mulheres. Seus textos exprimem o legado do Iluminismo, ao insistir que temos que usar a **razão**, e não a **fé**, para descobrir as verdades sobre nossa existência. A prática iluminista da **livre indagação** é a busca por esclarecer as coisas por conta própria, sem seguir a tradição de maneira inquestionável.

## Planejadoras sociais

Uma das consequências da ênfase do Iluminismo à racionalidade é o **planejamento social**. Os planejadores sociais acreditavam que tinham o dever de planejar e ordenar o mundo à sua volta. A reformadora social anglo-americana **Frances Wright** (1795-1852) tentou colocar essa crença em prática ao criar **Nashoba**, uma comunidade experimental dedicada a assegurar a emancipação dos escravos.

Wright acreditava que, tanto para as mulheres quanto para os negros escravizados, maior escolaridade e menos influência da Igreja assegurariam sua independência e sua felicidade. Vários fatores contribuíram para o fracasso desse ambicioso experimento, entre eles:

*Malária...*

*Publicidade negativa...*

*... e antagonismo da opinião pública.*

Como planejadora social, Wright se destaca de muitos de seus contemporâneos por ter se preocupado sobretudo com o sofrimento da classe trabalhadora. Ela defendia a abolição da escravatura, a educação universal, o planejamento familiar e os direitos iguais para as mulheres.

As ideias do Iluminismo se traduziram em mais um ponto de vista. Os pensadores Harriet Martineau e John Stuart Mill (ver páginas 60-61 e 40-41) dão grande ênfase ao poder do pensamento e da educação para libertar o indivíduo do fantasma da **tradição**. Mas eles se dirigiam principalmente a um público da elite social, apesar das tentativas de pôr suas teorias em prática.

# Pontos de vista opostos

Em seu período inicial, o pensamento sobre as mulheres seguia duas abordagens gerais na tradição anglo-americana:

A **perspectiva relacional** propunha uma visão de sociedade igualitária baseada na diferença de gênero não hierárquica, com o casal homem-mulher como unidade básica.

> Os direitos das mulheres eram definidos em relação à sua contribuição inigualável à comunidade e à sua capacidade de ter filhos, cuidar e acolher.

A **perspectiva individualista** postulava o indivíduo como unidade básica da sociedade.

> Enfatizava a necessidade de autonomia e de realização pessoal do indivíduo, desconsiderando as noções socialmente construídas de identidade de gênero.

# A ascensão do individualismo

A atividade social e os textos filosóficos sobre mulheres se baseavam numa dessas duas maneiras de pensar, embora muitas escritoras as combinassem. Entre 1890 e 1920, os dois pontos de vista pareciam complementares, mas a partir de 1920 seus objetivos passaram a divergir, refletindo as diferentes necessidades e experiências das mulheres.

# Primeira onda do feminismo

Chamamos de **primeira onda do feminismo** a atividade **organizada** que teve lugar na Grã-Bretanha e nos Estados Unidos na segunda metade do século XIX. Esse movimento se baseava principalmente nas várias atividades esporádicas e independentes das feministas do século XVIII.

Elas não se preocupavam muito com as mulheres da classe trabalhadora nem se denominavam feministas (termo cunhado em 1895). Interessavam-se mais pelas injustiças que sofriam pessoalmente.

As principais realizações da primeira onda feminista foram: o acesso à educação superior, a reforma do ensino secundário para meninas e a aprovação da Lei de Propriedade das Mulheres Casadas, em 1870. As feministas continuaram ativas até o início da Primeira Guerra Mundial em 1914, que interrompeu as campanhas sufragistas. O ativismo da primeira onda não assegurou o direito ao voto feminino.

## Marcos da primeira onda do feminismo

**1770-1784** Correspondências de Abigail Adams para o marido.

**1792** Mary Wollstonecraft, *Reivindicação dos direitos da mulher*.

**1821** Frances Wright, *Views of Society and Manners in America* (Visões da sociedade e dos costumes na América).

**1837** Harriet Martineau, *Society in America* (A sociedade na América).

**1837** Angelina Grimké faz palestras públicas sobre abolição e sufrágio feminino.

**1837** Lucretia Mott e Elizabeth Cady comparecem à Convenção Mundial Antiescravidão, em Londres.

**1848** Convenção de Seneca Falls.

**1851** Harriet Taylor Mill, "The Enfranchisement of Women" ("A emancipação das mulheres").

**1854** Caroline Norton, *English Laws for Women in the 19th Century* (Leis inglesas para mulheres no século XIX).

**1866** Barbara Bodichon funda o Comitê pelo Sufrágio Feminino.

**1869** John Stuart Mill, "Sobre a sujeição das mulheres".

**1869** Lei de Propriedade das Mulheres Casadas.

**1892** A Nova Zelândia concede o direito de voto às mulheres.

**1902** Conferência pelo Sufrágio Feminino em Washington.

**1903** Emmeline Pankhurst funda a União Social e Política das Mulheres (Woman's Social and Political Union, WSPU).

**1905** Vida Goldstein funda, na Austrália, a revista *Women's Sphere* (A esfera das mulheres).

**1909** Vida Goldstein funda a *Woman Voter* (Mulher eleitora).

**1914-1918** Primeira Guerra Mundial.

Em 1884, Friedrich Engels publicou *A origem da família, da propriedade privada e do Estado*. Nessa obra, ele defende que a unidade familiar é vital para o sucesso do capitalismo.

Friedrich Engels

# Lembrando das damas

No final do século XVIII, as perspectivas individualista e relacional do pensamento sobre as mulheres já se combinavam na visão de Abigail Adams sobre as relações de gênero.

**Abigail Adams** (1744-1818), esposa de John Adams, segundo presidente dos Estados Unidos, foi uma das mulheres mais influentes de sua época. Na Revolução Americana (1775-1783), ela e o marido viveram separados devido aos compromissos políticos dele. Ela lhe escrevia regularmente e insistia que se "lembrasse de pensar nas damas" ao redigir a Declaração de Independência. Suas cartas foram compiladas e publicadas por seu neto após sua morte.

Caso não se dê atenção e cuidado especiais às damas, estamos decididas a fomentar uma rebelião, e não nos consideraremos limitadas por nenhuma lei na qual não tenhamos voz nem representação.

Além de exigir representação igual para as mulheres na lei, Adams também alertou contra privar as mulheres de acesso à educação e à igualdade social. "Se te queixas de negligência na educação dos filhos, o que direi em relação às filhas? Desejo com a máxima sinceridade [...] que nossa nova Constituição se distinga por incentivar o aprendizado e a virtude."

Suas opiniões, embora influentes em pequenos círculos, permaneceram praticamente desconhecidas. Dois meses antes da redação da Declaração de Independência, ela se queixou de que, "embora proclameis paz e boa vontade aos homens, emancipando todas as nações, insistis em reter o poder absoluto sobre vossas esposas. Mas deveis lembrar-vos de que o poder arbitrário é muito semelhante a outras coisas muito duras, muito suscetíveis a se quebrar".

# Mary Wollstonecraft

Abigail Adams não foi a única voz feminina a alertar sobre os perigos de perpetuar a discriminação social e legal contra as mulheres. Em 1792, a escritora inglesa **Mary Wollstonecraft** (1759-1797), influenciada pelas ideias da Revolução Americana e da Revolução Francesa, reivindicou a participação total das mulheres nos direitos e nos deveres da cidadania.

*Como outras das primeiras feministas inglesas, igualo o poder masculino à tirania política.*

Mary Wollstonecraft

Acredita-se que a publicação de *Reivindicação dos direitos da mulher* (1792) foi a primeira tentativa consciente de tratar as questões da discriminação de gênero de forma polêmica.

## Uma vida não convencional

Wollstonecraft teve uma vida pouco convencional, segundo os padrões de sua época. Ela nasceu numa família pobre e precisou trabalhar como dama de companhia e governanta para se sustentar. Começou a escrever aos 19 anos e publicou Thoughts on the Education of Daughters (Pensamentos sobre a educação das filhas, 1787), no qual descrevia a situação de jovens instruídas como ela forçadas a trabalhar para "ricos tolos".

> Naquele ano me ofereceram o cargo de assistente editorial em Londres, oportunidade que mudou minha vida para sempre.

Wollstonecraft se apaixonou perdidamente pelo pintor e filósofo **Henri Fuseli**, que era casado. Ela não lhe revelou sua paixão e preferiu fugir para a França, onde conheceu e se encantou pelo escritor americano **Gilbert Imlay**.

*Declarei-me esposa de Imlay e tive uma filha com ele fora dos laços do matrimônio.*

Quando a união com Imlay terminou, ela foi consolada pelo escritor político e amigo de longa data **William Godwin**, com quem começou um relacionamento apaixonado que logo resultou em outra gravidez. Wollstonecraft convenceu Godwin a se casar com ela para salvar sua reputação. Ela morreu 10 dias depois de dar à luz a segunda filha, **Mary Godwin** (mais tarde, Mary Shelley, autora de *Frankenstein*).

## Contra Rousseau

Wollstonecraft escreveu *Reivindicação* em resposta ao filósofo franco-suíço **Jean-Jacques Rousseau** (1712-1778), cujo livro *Emílio* afirmava que as mulheres eram frívolas e sentimentais e que, no casamento, só poderiam ocupar uma posição subordinada como companheiras do marido.

Pioneira do movimento sufragista britânico, ela falou sem rodeios sobre a necessidade de se questionar os papéis de gênero. Defendia a educação das mulheres e seu direito de participar da vida pública, declarando:

> *Não desejo que as mulheres assumam o poder sobre os homens, mas apenas sobre si mesmas.*

# Razão e sensibilidade

Como **feminista liberal**, Wollstonecraft acreditava que era responsabilidade do Estado proteger os direitos civis, como o direito ao voto, o direito à propriedade e a liberdade de expressão.

*Enquanto as mulheres forem proibidas de tomar suas próprias decisões, lhes faltará liberdade...*

*E, por serem desestimuladas a desenvolver os poderes da razão, lhes faltará virtude.*

Assim, ao negar às mulheres a oportunidade de desenvolverem sua capacidade intelectual e se tornarem pessoas morais envolvidas em compromissos sociais, a sociedade também lhes nega liberdades civis fundamentais.

Nesse aspecto, ensinar as meninas a ler romances, tocar música, cantar e recitar poesia cultivaria sua sensibilidade às custas da razão. Meninas educadas nessas "atividades frívolas", concluía ela, têm maior probabilidade de se tornarem emocionalmente dependentes, de se furtarem aos deveres domésticos e de se entregarem a atitudes "moralmente repreensíveis". Mulheres racionais e independentes, por outro lado, desenvolvem capacidades morais que lhes permitem tornarem-se "filhas obedientes", "irmãs afetuosas", "mães sensatas" e "esposas fiéis".

## O direito divino dos maridos

Wollstonecraft sustentava que o casamento ideal é marcado pela igualdade e pelo companheirismo intelectual. Ela questionou as crenças sociais de sua época ao declarar:

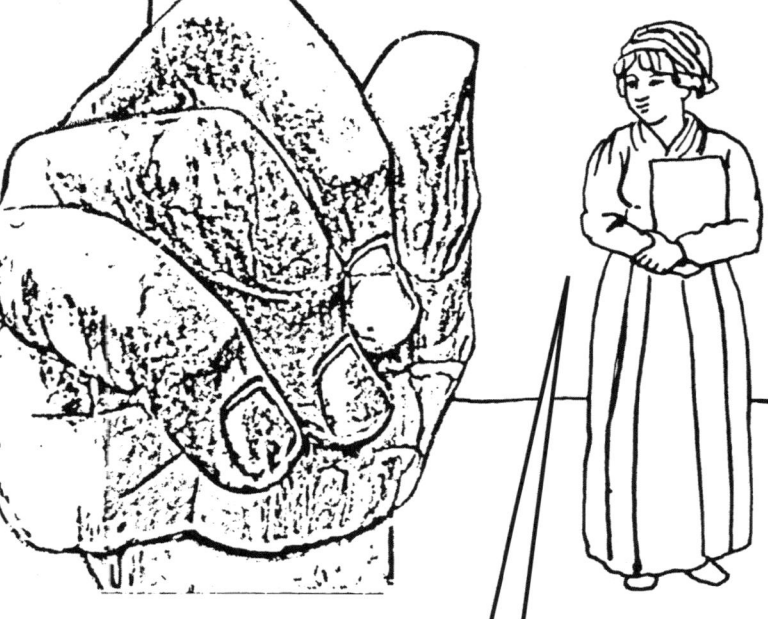

> Nesta era esclarecida, espera-se que o direito divino dos maridos, assim como o direito divino dos reis, possa ser contestado sem perigo.

A força da análise de Wollstonecraft é sua defesa da necessidade de educar as mulheres para capacitá-las a atingir a independência econômica. No entanto, seus argumentos – que privilegiam características tradicionalmente associadas aos homens e convidam as mulheres a adotá-las – têm alcance limitado e hoje são considerados discutíveis. Wollstonecraft não resolve o problema da falta de acesso das mulheres ao espaço público e suas aspirações para as mulheres permanecem basicamente no campo da teoria.

Na Inglaterra, o efeito da *Reivindicação* de Wollstonecraft foi enfraquecido pela publicação subsequente de suas *Memórias* (1798), escritas por seu marido. Como mãe solteira que se recusou a se casar até bem tarde na vida e que tentou se suicidar duas vezes, a vida de Wollstonecraft não tinha nada de convencional, como já vimos. As *Memórias* exageravam detalhes de sua vida pessoal, que foram considerados imorais e controvertidos.

Além disso, sua reivindicação apaixonada à igualdade sexual e sua simpatia pela Revolução Francesa afastaram seus partidários. **Horace Walpole**, notadamente, a chamava de...

*Aquela hiena de anáguas.*

Consequentemente, *Reivindicação* ficou fora de catálogo até 1844, e a própria Wollstonecraft passou a ser considerada um terrível exemplo de "emocionalismo descontrolado".

## As irmãs Grimké

Abigail Adams e Mary Wollstonecraft não foram vozes isoladas. **Angelina Grimké** (1805-1879), palestrante da Sociedade Americana Antiescravidão e porta-voz dos direitos das mulheres, tornou-se o foco da atenção por ser uma das primeiras mulheres a se manifestar publicamente nos Estados Unidos. Ela instava as mulheres – que não podiam votar nem participar de decisões políticas – a se fazerem ouvir escrevendo petições ao Congresso. Numa palestra pública de 1838, ela avisou à plateia feminina:

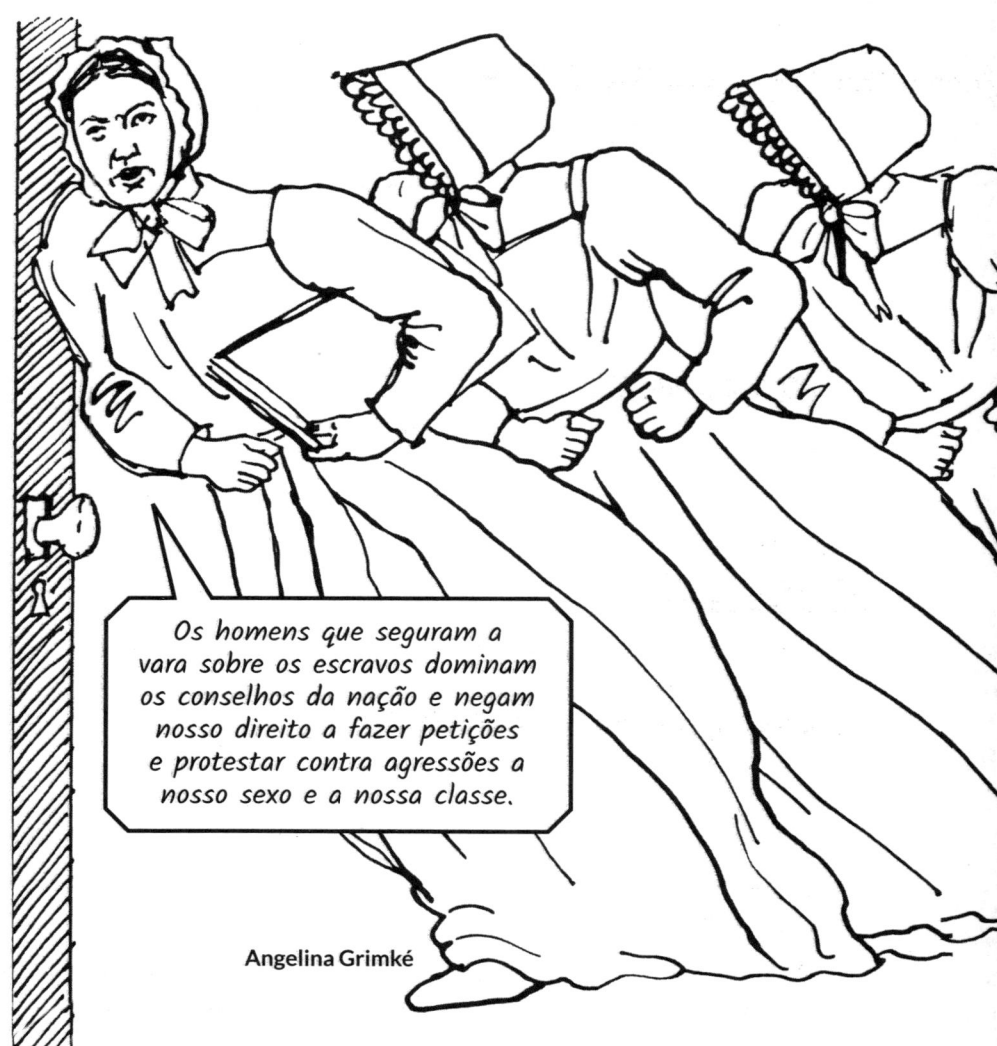

Os homens que seguram a vara sobre os escravos dominam os conselhos da nação e negam nosso direito a fazer petições e protestar contra agressões a nosso sexo e a nossa classe.

Angelina Grimké

Ela as instava a se inspirar na Inglaterra, onde "as mulheres muito fizeram para abolir a escravidão em suas colônias" por meio de petições à Rainha Victoria. Grimké insistia que, se as mulheres se unissem e exigissem seus direitos, seria impossível ao Congresso ignorá-las.

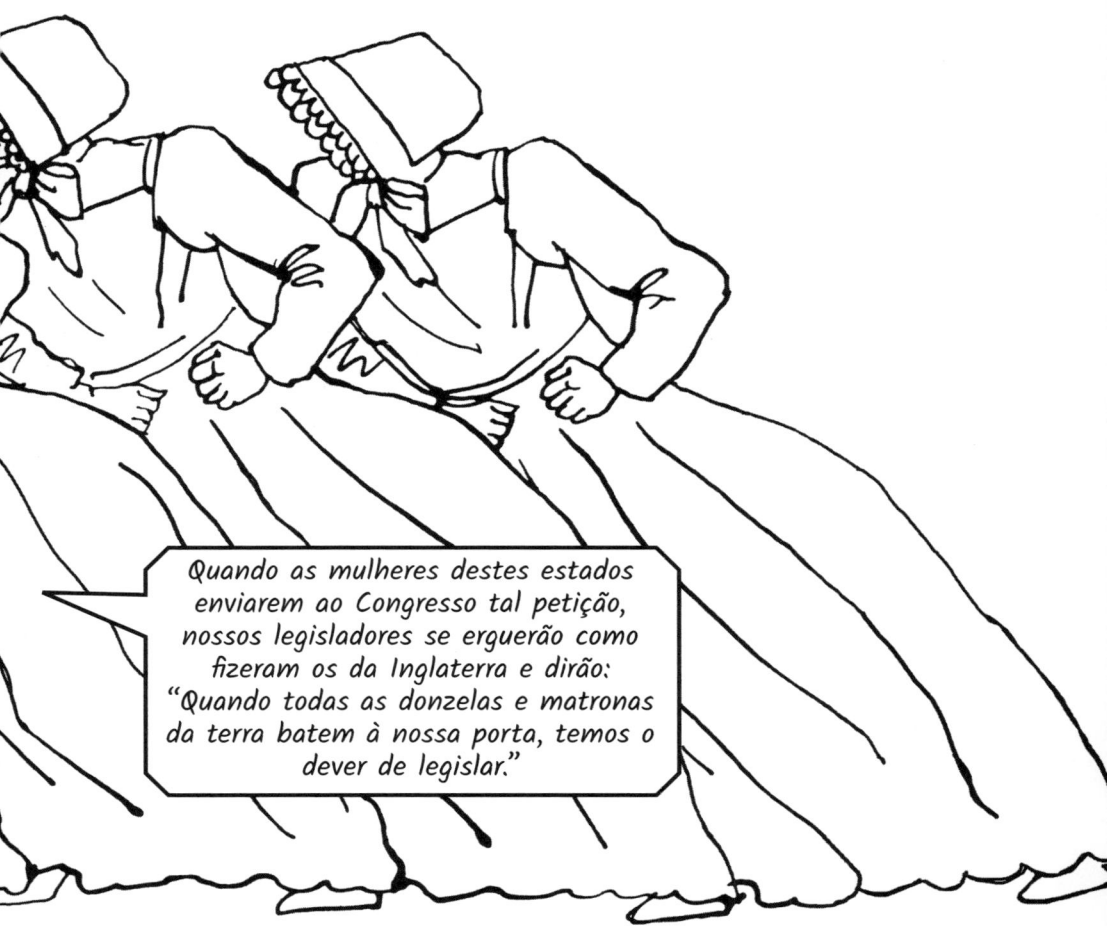

*Quando as mulheres destes estados enviarem ao Congresso tal petição, nossos legisladores se erguerão como fizeram os da Inglaterra e dirão: "Quando todas as donzelas e matronas da terra batem à nossa porta, temos o dever de legislar."*

Em 1838, ela se tornou a primeira mulher dos Estados Unidos a ter permissão de se dirigir a um órgão legislador.

Sua irmã **Sarah Grimké** (1792-1873) também era porta-voz da causa abolicionista e dos direitos das mulheres. As repetidas aparições públicas das irmãs questionavam os padrões da época e escandalizavam os círculos sociais. Suas afirmações de que homens e mulheres foram criados iguais e de que as mulheres deveriam ter as mesmas liberdades sociais e civis dos homens criaram alvoroço geral. As duas foram criticadas por membros do clero por se comportarem como homens.

Numa das cartas que escreveu a Catherine Beecher, Angelina Grimké ecoou a advertência de Abigail Adams sobre um levante de mulheres:

# O "culto à domesticidade" (1820-1880)

Reformistas sociais na Inglaterra e nos Estados Unidos tentaram se fazer ouvir realizando numerosas palestras públicas, fundando sociedades e escrevendo extensamente sobre a "questão da mulher". Mais notadamente, a escritora anglo-americana Frances Wright, fundadora da comuna Nashoba, percorreu os Estados Unidos de 1818 a 1820 e registrou suas impressões em *Views of Society and Manners in America* (Visões da sociedade e dos costumes na América, 1821). Ela se tornou membro ativo de círculos literários americanos e publicou muito material sobre a importância da educação universal, do planejamento familiar e dos direitos iguais para as mulheres.

Mas, como outras defensoras dos direitos das mulheres, fui marginalizada na sociedade e minhas publicações e meus discursos só alcançaram uma minoria do público.

Frances Wright

Eram significativos os obstáculos que as primeiras ativistas tentavam superar. Os anos entre 1820 e 1880 ainda eram dominados por publicações que exibiam representações estereotipadas das mulheres. Manuais de conselhos, obras literárias e sermões públicos contribuíam para a perpetuação do **culto à domesticidade**, que atribuía às mulheres uma função estritamente privada e aos homens um papel público. Qualquer sugestão de transgressão aos limites de gênero era considerada uma ameaça à estabilidade da hierarquia social. Eis um exemplo:

A colônia de Nova Jersey, que concedera direito de voto a "todos os habitantes livres" em 1790, negou esse direito à população feminina em 1807.

Acredita-se que isso tenha sido uma reação de um político que quase foi derrotado nas eleições por um bloco de eleitorado feminino.

Na Inglaterra, a publicação das escandalosas *Memórias* de Mary Wollstonecraft, em 1798, foi seguida por uma onda de livros contra as ideias da pensadora, dos quais os mais famosos foram *Women of England* (Mulheres da Inglaterra), *The Mothers of England* (As mães da Inglaterra) e *The Daughters of England* (As filhas da Inglaterra), de **Sarah Ellis**.

> Esses livros reforçavam o culto à domesticidade e instilavam nas leitoras uma noção de dever que relacionava o patriotismo à dedicação à família e ao lar.

# Regras de conduta para homens e mulheres

**Matthew Carey** foi um editor que nasceu na Irlanda, morou na Filadélfia e escreveu sobre várias questões morais e educacionais. Em 1830, ele publicou um ensaio intitulado "Regras para maridos e esposas", no qual aconselhava os homens a tratarem as esposas como iguais. Ele resumiu suas recomendações em máximas e enfatizou que *"Bear and forebear"* (tolerar e se controlar) é o melhor conselho para um casamento feliz.

1. *O bom marido sempre verá a esposa como igual; tratá-la-á com gentileza, respeito e atenção, e nunca se dirigirá a ela com ares de autoridade, como se ela fosse uma mera governanta, como alguns maridos parecem fazer.*

2. *Ele jamais interferirá em seus interesses domésticos, contratando criados, etc.*

3. *Ele sempre a manterá liberalmente suprida de dinheiro para lhe pôr a mesa com estilo proporcional a seus meios e para a compra de vestimentas adequadas à sua posição na vida.*

4. *Ele atenderá, alegre e prontamente, a todos os seus pedidos sensatos, quando isso puder ser feito sem perdas nem grande inconveniência.*

5. *Ele jamais se permitirá perder a calma com ela pela culinária insossa, pela irregularidade no horário das refeições ou por qualquer outra falha na administração dos criados, pois conhecerá a dificuldade de fazê-los cumprir seu dever.*

6. *Se ela tiver prudência e bom senso, ele a consultará em todas as grandes operações que envolvam risco de ruína ou prejuízo grave em caso de fracasso. Muitos homens se salvaram da destruição graças aos conselhos sábios da esposa. Não poucos maridos tolos muito se prejudicaram, a si e à família, por rejeitar os conselhos da esposa, com receio de segui-los e serem vistos como se ela os governasse! O marido nunca conseguirá um conselheiro mais profundamente interessado em seu bem-estar do que a esposa.*

7. *Se angustiado ou embaraçado pelas circunstâncias, ele lhe transmitirá sua situação com sinceridade para que, nas despesas, ela tenha em mente suas dificuldades. Às vezes, as mulheres, acreditando que as circunstâncias do marido são muito melhores do que realmente são, gastam quantias que não poderiam e que, se soubessem da real situação, evitariam.*

8. *A boa esposa sempre receberá o marido com sorrisos, não deixará nada desarrumado para tornar o lar agradável e retribuirá agradecida sua gentileza e atenção.*

9. *Estudará para descobrir os meios de gratificar as inclinações do marido em relação à comida e à culinária e na administração da família, no modo de vestir, nas maneiras e no comportamento.*

10. *Ela nunca tentará dominar o marido nem parecer fazê-lo. Essa conduta degrada o cônjuge, e a esposa sempre compartilha, em boa medida, da degradação do marido.*

11. *Em tudo o que for sensato, ela atenderá a seus desejos e, na medida do possível, os antecipará.*

12. *Ela evitará todas as altercações ou discussões que provoquem mau humor, principalmente antes da chegada de visitas.*

13. *Ela nunca tentará interferir em seus negócios, a menos que ele lhe peça conselhos ou orientações, e nunca tentará controlá-lo em sua administração.*

14. *Caso surjam diferenças entre marido e mulher, a disputa não deve ser de quem exibirá mais espírito, mas de quem dará os primeiros passos para a solução. Dificilmente haverá fonte mais prolífica de infelicidade no casamento do que esse "espírito", filho legítimo do orgulho e da falta de tato.*

Os conselhos de Carey tentavam enfatizar as diferentes esferas em que atuam homens e mulheres. As esposas deveriam se restringir às tarefas de administração doméstica, enquanto os maridos pertenciam à esfera pública, onde ganhavam dinheiro para sustentar a família. Apesar da ênfase na igualdade e no respeito entre marido e mulher, Carey não deixa de estabelecer uma hierarquia clara no relacionamento.

# Harriet Taylor Mill

**Harriet Taylor Mill** (1807-1858) e **John Stuart Mill** (1806-1873) são dois personagens importantes que endossaram as ideias feministas liberais de Wollstonecraft e as expandiram na segunda metade do século XIX. Eles também tiveram uma vida privada pouco convencional.

Harriet Taylor era casada e mãe de dois filhos quando conheceu J. S. Mill e – com a permissão do marido, John Taylor – começou um longo relacionamento com ele. Harriet e Mill se sentiam intelectual e emocionalmente atraídos um pelo outro, embora se acredite que o relacionamento tenha continuado platônico até se casarem, depois da morte de John Taylor.

Harriet Taylor Mill

*Permaneci ligada pelo dever a meu marido durante toda a sua vida, mantendo a aparência de felicidade conjugal e cuidando dele com paciência quando adoeceu.*

No início da corte, J. S. Mill visitava a casa de Harriet e John Taylor toda noite. E, embora Taylor fosse devotado à esposa, costumava ir para o clube para deixá-la a sós com Mill.

*Esse acordo era bastante escandaloso pelos padrões vitorianos, então John Taylor logo pediu a Harriet que se estabelecesse numa residência separada.*

*Mais tarde, passaríamos muitos fins de semana juntos no litoral inglês.*

Harriet Taylor Mill

John Stuart Mill

No entanto, quando soube que estava com câncer terminal, Taylor pediu à esposa que voltasse para cuidar dele em casa. Harriet se viu numa situação difícil, porque, à época, J. S. Mill estava com um ferimento no quadril, sofria de cegueira temporária e precisava de seus cuidados. No entanto, ela se dedicou ao marido e ficou ao lado dele até sua morte.

## Teoria e prática

Ainda não se sabe se Harriet e Mill mantinham relações sexuais antes ou mesmo depois do casamento. Há indícios em seus textos de que ambos consideravam o ato sexual inerentemente degradante. Outros indícios apontam que J. S. Mill seria impotente e que Harriet pode ter contraído sífilis do primeiro marido. Seu estilo de vida pouco convencional e o relacionamento sexual duvidoso entre os dois dão forma a muitos dos ensaios sobre igualdade sexual que eles publicaram.

*Nosso liberalismo nasce, em parte, da nossa convicção da conexão entre teoria e prática.*

Dois ensaios, "A emancipação das mulheres" (1851) e "Sobre a sujeição das mulheres" (1869), ilustram seu compromisso de escrever sobre a discriminação sexual a partir de um ponto de vista fundamentado. O fato de concordarem sobre os princípios e discordarem sobre as soluções demonstra ainda mais o envolvimento pessoal dos dois com essas questões.

Acredita-se que Harriet foi a principal autora do ensaio sobre a emancipação das mulheres.

> Nos casos em que o divórcio for concedido, a mãe deve ficar com a guarda dos filhos, porque o laço materno é mais forte do que o paterno.

> A desigualdade sexual foi imposta às mulheres pelos costumes sociais e não deveria ser vista como consequência natural de sua biologia.

Harriet sofisticou a reivindicação de Wollstonecraft pela educação das mulheres e acrescentou que elas também deveriam contribuir com o mercado de trabalho e com o sistema legal e jurídico em pé de igualdade com os homens. Ela sugeriu que era possível conciliar a maternidade com as exigências da vida profissional e enfatizou que o trabalho era necessário para manter a sanidade da mulher.

## Uma coleção de criadas

De forma parecida com Wollstonecraft, Harriet Taylor destacou com lucidez os obstáculos sociais que isolavam as mulheres e atrapalhavam qualquer tentativa de alcançar o mesmo status que os homens. No entanto, e numa veia semelhante à da antecessora, seu argumento era, em boa parte, produto de uma classe social específica.

*Como Wollstonecraft, admito que as tarefas domésticas que se espera que as mulheres cumpram diariamente ocupam a maior parte de seu tempo e energia.*

*Ambas reconhecemos a necessidade de uma multidão de criadas para ajudar no funcionamento da casa.*

O acesso à educação e a capacidade de conciliar carreira, casamento e maternidade eram luxos ao alcance apenas das poucas mulheres ricas que podiam pagar por isso.

# "Homem" ou "pessoa"?

O ensaio de J. S. Mill sobre a sujeição das mulheres estabelecia uma correlação entre o grau de civilização de um povo e a posição social de suas mulheres. Ele argumentava contra o essencialismo.

*O que hoje se chama "natureza feminina" é algo eminentemente artificial.*

*É ridículo que qualquer pessoa ou doutrina afirme "conhecer" a natureza dos dois sexos.*

O mais importante foi que Mill observou que, se o esforço das mulheres para se envolver em debates intelectuais e ter instrução não fosse apoiado pela sociedade, suas ideias consistiriam de um pequeno componente de observação individual e um grande elemento de ideias absorvidas ou imitações.

Ao se tornar membro do Parlamento britânico, ele apresentou uma emenda à Lei da Reforma de 1867, que pretendia substituir a palavra "homem" por "pessoa". Embora rejeitada, essa emenda provocou um processo na Justiça para estabelecer que as palavras do gênero masculino deveriam incluir as mulheres.

Apesar das ideias desafiadoras, Mill observou curiosamente que, se lhes fosse dada a oportunidade de seguir carreira, a maioria das mulheres optaria pela vida doméstica.

> Os deveres de esposa e mãe as ocuparão em tempo integral.

Harriet e Mill eram reformistas sociais. Suas ideias eram originais e extremamente polêmicas na época, mas eles ainda mantinham muitas noções errôneas sobre gênero que críticos posteriores buscariam refutar. Por exemplo, ambos consideravam a maternidade uma prática superior e mais natural do que a paternidade e ambos questionavam a divisão de tarefas dentro da família, que atribuía papéis específicos à mãe e ao pai, mas não ofereceram uma solução prática.

# Caroline Norton

Enquanto reformistas sociais e ativistas políticos se ocupavam escrevendo, palestrando e debatendo a "questão da mulher", aos poucos vinham a público os casos individuais em que a lei era questionada.

na mudança fria que o tempo faz no amor
(O branco inverno d...
se lágrima ocasi...
Levar teu cora...
não tornes par...
E com nova esp...
nesta minha sol...
Deixa-me, sai des...
O que faz essa laba...
Disparar da borralha...
Fitamos a lareira que mal v...
as brasas já exaustas ... de se extingu...
sem pena, p'ra que o ...
Em nome do amor pas...

*Caroline Norton*

> Começamos a fazer campanha por reformas específicas, não por nos considerarmos feministas, mas porque circunstâncias particulares da vida nos forçaram a protestar e fazer ouvir nossa voz.

**Lady Caroline Norton** (1808-1877) era poeta e romancista e se tornou porta-voz dos direitos das mulheres depois que o marido pediu o divórcio. Em 1839, a batalha pela guarda dos filhos e pelas propriedades causou controvérsia e deu destaque ao sofrimento das mães presas a casamentos infelizes.

## Coverture

No início do século XIX, na Europa e nos Estados Unidos, as mulheres casadas não tinham identidade jurídica separada dos maridos. Essa condição se chamava *coverture*, ou cobertura. Em consequência da *coverture*, nenhuma mulher podia ser parte num processo, participar de júris, possuir propriedades caso enviuvasse nem escrever testamentos. Quando a guarda dos filhos precisava ser decidida pelos tribunais, era geralmente dada ao pai.

Caroline, famosa pela beleza e pelo intelecto, era casada com George Norton, um homem infiel, violento e pouco inteligente.

> Quando a poesia de Caroline lhe trouxe fama, ela começou um relacionamento platônico mas escandaloso com lorde Melbourne.

George Norton

> **/!\***
> ***?\***

Embora a princípio incentivasse a amizade na esperança de obter mais status para si, logo George Norton decidiu dar fim ao casamento; pediu então o divórcio e processou lorde Melbourne por "conversação criminosa" (adultério).

## A Lei de Custódia de Menores

Em consequência, Caroline foi impedida de ver os três filhos. Em seguida, George arruinou a reputação da esposa fazendo acusações sobre sua emancipação sexual e afirmando que seu sucesso e sua força de caráter eram sintomas das suas transgressões sexuais. Caroline buscou a ajuda de um *sergeant-at-law* (classe de advogados então responsáveis pela Court of Common Pleas, tribunais que examinavam processos entre súditos que não diziam respeito ao rei), que lutou no Parlamento pela aprovação de um projeto de lei sobre a guarda de menores e escreveu *A Plain Letter to the Lord Chancellor on the Infant Custody Bill* (Uma carta simples ao lorde chanceler sobre a Lei de Custódia de Menores, 1839).

> *Argumentei contra uma lei injusta que privava a mãe de seus filhos legítimos.*

Em 1839, esse famoso processo resultou na aprovação da Lei de Custódia de Menores, que concedia a mães de "caráter irrepreensível" a guarda dos filhos menores de 7 anos e acesso frequente aos mais velhos.

# A Lei das Causas Matrimoniais

Enquanto morava sozinha, Caroline Norton se sustentou com a escrita. Mas, como *femme covert*, seus proventos pertenciam legalmente ao marido.

> Apenas quando voltei ao tribunal para processá-lo por não pagar minha renda anual, teve início a reforma do direito à propriedade das mulheres casadas.

Norton fez mais pesquisas sobre a condição jurídica das mulheres e, finalmente, publicou *English Laws for Women in the Nineteenth Century* (Leis inglesas para mulheres no século XIX, 1856). O livro e uma petição assinada por 25 mil mulheres a favor do direito de propriedade das mulheres casadas resultaram na Lei das Causas Matrimoniais de 1857, precursora da lei de 1870, que lhes concedia o controle de seus proventos financeiros e das propriedades herdadas.

O que é fascinante na retórica de Norton é a insistência em afirmar que não deseja transgredir sua posição de mulher, que permanece, em muitos aspectos, subordinada aos homens no poder. Com inteligência, ela constrói seus ensaios como apelos à proteção da lei.

> *O que escrevo, escrevo sem espírito de rebelião; não faço nenhuma alegação absurda de igualdade; é simplesmente um apelo por proteção.*

"Nossa especulação incerta e mercantil de 'indenização', a maravilhosa indecência de nossos processos de divórcio, o fato incrível de não se permitir à mulher acusada nenhuma defesa direta nem a representação por um advogado, a admissão relutante e de má vontade do direito da mãe aos filhos menores são, igualmente, odiosos e incompreensíveis."

Os triunfos de Caroline Norton abriram caminho para reformas mais substanciais no fim do século XIX. Mas a lei permaneceu principalmente do lado do pai, mantendo os princípios da desigualdade entre homens e mulheres.

# Catherine Helen Spence

**Catherine Helen Spence** (1825-1910) foi uma feminista nascida na Escócia que iniciou sua carreira pública na Austrália como escritora de ficção. Ela também escreveu críticas literárias para a publicação *South Australian Register* em 1872.

Como reformista social, Spence fez campanha pela educação das meninas, pela reforma da lei do divórcio e pelo sufrágio feminino.

*Tornei-me a primeira candidata política da Austrália em 1897, quando concorri à Convenção Federal realizada em Adelaide.*

Ela não foi eleita, mas conquistou uma reputação formidável como importante sufragista e ativista social. Ficou famosa como a "maior mulher australiana" e como a "grandiosa mulher da Australásia" – e é homenageada na nota de 5 dólares australianos.

# Convenção de Seneca Falls, Nova York (1848)

Enquanto isso, a luta pela abolição da escravatura ganhava ímpeto nos Estados Unidos, e as defensoras do sufrágio feminino ainda aliavam sua causa à dos abolicionistas. As sufragistas americanas também tentavam criar vínculos com suas "irmãs" europeias.

Em 1840, **Lucretia Mott** (1793-1880) e **Elizabeth Cady Stanton** (1815-1902) viajaram a Londres para participar da Convenção Mundial Antiescravidão.

> *Embora viajássemos com nossos maridos e fôssemos delegadas, não nos permitiram participar da conferência e fomos forçadas a nos sentar atrás de uma cortina que nos separava dos homens da plateia e dos palestrantes.*

Quando voltaram a Nova York, elas decidiram organizar uma convenção, para a qual convidaram mulheres sufragistas e homens interessados no tema. O objetivo era discutir questões ligadas à igualdade na educação, no casamento e nas leis de propriedade.

Eis o texto do convite:

> Convenção dos Direitos das Mulheres - Uma convenção para discutir a condição social, civil e religiosa e os direitos das mulheres será realizada na Capela Wesleyana de Seneca Falls, Nova York, na quarta-feira e na quinta-feira, 19 e 20 de julho corrente, a partir das 10 horas da manhã. No primeiro dia, a reunião será exclusivamente para mulheres, que estão fortemente convidadas a participar. O público em geral está convidado a comparecer no segundo dia, quando Lucretia Mott, da Filadélfia, e outras damas e cavalheiros falarão à convenção.

Stanton fez o discurso de abertura, intitulado "Agora exigimos nosso direito ao voto". Provocadora, ela avisou aos homens no poder que, "enquanto vossas mulheres forem escravas, podeis lançar ao vento suas universidades e igrejas".

*Não é possível haver santos e eruditos quando as mães são transformadas em pó entre as mós superior e inferior da tirania e da luxúria.*

# Uma declaração de independência

No encerramento da convenção, foi lida a "Declaração de Sentimentos e Resoluções". Seu estilo imitava e parodiava a Declaração de Independência dos Estados Unidos, começando com: "Consideramos que estas verdades são autoevidentes: todos os homens e mulheres são criados iguais." Onze resoluções foram aprovadas, entre elas:

> "Resolvido, Que todas as leis que impedem as mulheres de ocupar na sociedade a posição que lhes seja ditada pela consciência ou que a deixem em posição inferior à do homem são contrárias ao grande preceito da Natureza e, portanto, não têm força nem autoridade."
>
> "Resolvido, Que a mulher é igual ao homem; assim foi pretendido pelo Criador, e o supremo bem da raça exige que ela seja reconhecida como tal."
>
> "Resolvido, Que é dever das mulheres deste país assegurar para si o sagrado direito de votar nas eleições."

Muitos historiadores citam Seneca Falls como o começo da primeira onda feminista nos Estados Unidos, cujo principal objetivo era conquistar o sufrágio feminino; afinal, com o voto, elas seriam capazes de questionar leis injustas e participar da implementação de novas leis que garantissem seus direitos.

# O advento das *bloomers*

Um ano depois de Seneca Falls, as sufragistas americanas usaram de vários meios para chamar a atenção do público para leis injustas e padrões sociais discriminatórios. Uma célebre sufragista foi **Elizabeth Smith Miller**, que desfilava pelas ruas de Seneca Falls usando um par de "calças turcas". Esse estilo atraiu o olhar de Amelia Jenks Bloomer, editora do *Lily*, primeiro jornal americano sobre direitos das mulheres.

> Bloomer começou um movimento de reforma do vestuário e chamou de "bloomers" essas calças franzidas no tornozelo e usadas sob uma saia curta.

E. S. Miller

> Eu as uso em minhas palestras...

> ... mas também são ideais para andar de bicicleta!

Amelia Bloomer

Apesar do uso prático e das conotações políticas, mais tarde as *bloomers* foram abandonadas por muitas sufragistas que temiam que o foco na reforma do vestuário, embora necessário, desviasse a atenção de questões mais sérias dos direitos das mulheres.

## A década de 1850 nos Estados Unidos

A década de 1850 foi um período de grande mudança social e política nos Estados Unidos. Duas das mais notáveis personagens femininas foram Elizabeth Cady Stanton e **Susan B. Anthony** (1820-1906). Stanton fazia campanha pelo direito das mulheres ao controle reprodutivo, à sexualidade e às leis do divórcio, e lembrava repetidas vezes ao público como a condição das mulheres se assemelhava à dos escravos.

> A pele do negro e o sexo das mulheres são provas evidentes de que eles existem para se submeter ao homem branco anglo-saxão.

Elizabeth Cady Stanton

Susan era uma quacre liberal e reformadora radical dedicada. Seu envolvimento com os direitos das mulheres começou em 1851, quando conheceu Elizabeth. Juntas, elas fundaram a Associação Nacional pelo Sufrágio Feminino e publicaram o jornal *Revolution*, que tornava públicas várias injustiças sofridas por mulheres.

# O Conselho Internacional das Mulheres

A fim de atrair atenção para sua missão, Susan Anthony desafiou as autoridades ao se registrar como eleitora e votar nas eleições presidenciais de 1872.

*Fui presa e condenada, mas me recusei a pagar a multa de 100 dólares.*

*Representei a mim mesma no julgamento e fiz um discurso apaixonado em minha defesa.*

Susan B. Anthony

Em 1883, ela foi à Europa, onde conheceu ativistas pelos direitos das mulheres e ajudou a formar o **Conselho Internacional de Mulheres** (International Council of Women, ICW, 1888), com 49 delegadas de nove países: Canadá, Estados Unidos, Irlanda, Índia, Grã-Bretanha, Finlândia, Dinamarca, França e Noruega. A primeira reunião, em Washington, resultou na redação de um estatuto. O ICW realizou encontros nacionais e internacionais regulares, teve muita influência e incentivou a criação, em 1896, do Primeiro Conselho Nacional de Mulheres da Austrália, em New South Wales.

Susan Anthony continuou a falar em convenções até uma idade avançada. Em 1979, a Casa da Moeda dos Estados Unidos homenageou seu trabalho com um dólar de prata comemorativo.

"As mulheres são pessoas? E mal acredito que qualquer de nossos adversários tenha a audácia de dizer que não."

"Por serem pessoas, as mulheres são cidadãs; e nenhum Estado tem o direito de criar ou impor leis antiquadas que abreviem seus privilégios ou imunidades."

"Portanto, toda discriminação contra as mulheres nas leis e constituições dos vários estados é hoje nula e inválida..."

## A década de 1850 na Grã-Bretanha

Na década de 1850, houve um ressurgimento do ativismo feminista na Grã-Bretanha, onde várias leis importantes foram aprovadas após batalhas jurídicas públicas e em resposta ao número crescente de mulheres solteiras de classe média que faziam campanha pela própria independência financeira. Entre as principais personagens desse período estão **Harriet Martineau** (1802-1876) e **Barbara Leigh Smith Bodichon** (1827-1891).

Os pais de Harriet Martineau eram adeptos do unitarismo – uma corrente teológica que não aceita o dogma da trindade e defende a unidade absoluta de Deus – e tinham opiniões progressistas sobre a educação das meninas.

*Recebi educação semelhante à de meus irmãos, mas não tive permissão de frequentar a universidade como eles.*

Harriet Martineau

Ela protestou contra isso numa publicação anônima intitulada *Sobre a educação feminina* (1823). Esse ensaio foi elogiado por seu irmão James, que a aconselhou: "Agora, querida, deixe para as outras mulheres a tarefa de fazer saias e cerzir meias e se dedique a isso."

Martineau dedicou a vida a escrever sobre política e economia, enfatizando a necessidade de reforma social. Depois de uma viagem aos Estados Unidos (1834-1836), ela escreveu *Political Non-Existence of Women* (A inexistência política das mulheres) em que observava como as mulheres eram tratadas como escravas.

> Critiquei a incapacidade dos Estados Unidos de viver de acordo com seus próprios princípios democráticos.

> E enfatizei a importância de educar as mulheres para que o casamento não seja o único objetivo de sua vida.

Durante a vida inteira ela fez campanha por oportunidades iguais de emprego e pela educação das meninas. Também escreveu a favor de permitir às mulheres se tornarem médicas.

# Barbara Bodichon

A história de Barbara Leigh Smith é fascinante. Seu pai, Benjamin Leigh Smith, vinha de uma família unitarista radical que fez campanha contra o tráfico de escravos e apoiou a Revolução Francesa. Ela nasceu depois de seu pai seduzir Anne Longden, de 17 anos, que foi sua esposa até morrer prematuramente, quando Barbara tinha apenas 7 anos.

O pai de Barbara era defensor dos direitos das mulheres e incentivou a independência da filha concedendo-lhe uma mesada anual de 300 libras.

*Com essa renda, pude me mudar para Londres e ter uma carreira de sucesso como escritora e ativista.*

Barbara Bodichon

Como Martineau, ela escreveu longamente a favor das médicas e das oportunidades para mulheres na educação superior. Também fez campanha com Caroline Norton para mudar a legislação relativa ao divórcio e à proteção do direito de propriedade das mulheres divorciadas.

Embora por princípio fosse contra o matrimônio, Barbara decidiu se casar com Eugene Bodichon, um ex-oficial do Exército francês que tinha posições políticas radicais e apoiava seu esforço para conquistar direitos para as mulheres.

Em 1866, ela formou o Comitê pelo Sufrágio Feminino. Seus membros redigiram uma petição assinada por 1.500 mulheres e J. S. Mill concordou em apresentá-la à Câmara dos Comuns em seu nome. Em 7 de junho, o comitê escolheu **Emily Davies** e **Elizabeth Garrett** para levar o longo rolo de pergaminho a Westminster.

*Pedi a uma vendedora de maçãs que escondesse o rolo sob sua mesa para que ele não fosse descoberto.*

*Ao saber do conteúdo, insisti em assiná-lo também...*

*... e ele teve que ser desenrolado outra vez.*

Elizabeth Garrett

Bodichon é mais lembrada por seu esforço para reunir fundos para a primeira faculdade feminina em Cambridge. O Girton College foi fundado em 1873, embora só em 1948 tenha passado a permitir às alunas a participação total na universidade.

# Langham Place

O círculo de Langham Place era um grupo de ativistas de classe média que discutiam e publicavam suas visões sobre os direitos das mulheres. Elas se reuniam no número 19 da rua Langham Place, em Londres, endereço que ficou famoso como a sede da primeira onda do feminismo. Barbara Bodichon e **Bessie Rayner Parkes** (1829-1925), que criou a revista *The English Women's Review* e a Sociedade pela Promoção do Emprego de Mulheres, eram integrantes ativas.

Bessie Rayner Parkes

Harriet Martineau

*Discutíamos oportunidades que oferecessem às mulheres alternativas ao casamento e à maternidade.*

*As mulheres têm poucas opções de carreira além do ensino, e a educação das meninas não as prepara bem nem para isso.*

Harriet Martineau escreveu um artigo memorável chamado "Mercado feminino", que defendia a necessidade de haver mais opções profissionais para as mulheres de classe média.

*Deveriam ensinar a elas que o trabalho não degrada sua condição.*

Martineau questionava a ideia restritiva e socialmente construída de que "damas" não deveriam trabalhar, mas permanecer "desempregadas", dedicadas à família e à vida doméstica.

# Emmeline Pankhurst

O movimento sufragista britânico lutava por uma grande variedade de reivindicações feministas, como o direito ao voto, a criação dos filhos em caráter cooperativo (não centrada na família), a igualdade salarial e pensões para todos os filhos.

Em 1865, foi fundada em Manchester a primeira sociedade pelo sufrágio feminino, e o movimento se espalhou por Londres, Birmingham e Bristol. Em 1889, formou-se a **Liga pelo Voto das Mulheres**. Entre seus membros mais importantes estava **Emmeline Pankhurst (1858-1928)**.

*Nossa liga defendeu os direitos da mulher casada, grupo anteriormente ignorado pelo movimento das mulheres.*

*De fato, mesmo na campanha pelo sufrágio, as mulheres casadas tinham sido excluídas da pauta.*

Emmeline Pankhurst

# A União Social e Política das Mulheres

Emmeline Pankhurst nasceu em Manchester, estudou na École Normale, em Paris, e se casou com um advogado que defendia a igualdade das mulheres. Em 1903, fundou a **União Social e Política das Mulheres** (Woman's Social and Political Union, WSPU), organização dedicada a conquistar o direito ao voto para as britânicas. Ela organizou encontros públicos em Londres e comandou passeatas de protesto até a Câmara dos Comuns.

*Mas pouco mudou na legislação. Então recorri à desobediência civil e, desafiadora, infringi a lei para chamar a atenção para a União.*

A WSPU se tornou combativa, quebrando vidraças e incendiando prédios desocupados. Suas integrantes interrompiam comícios e se acorrentavam a grades.

# Militantes sufragistas

Em 1911, o sufrágio feminino ainda não havia sido conquistado. As sufragistas se tornaram mais violentas e provocaram incêndios, cortaram fios de telefone, queimaram cabines telefônicas, rasgaram quadros em galerias públicas e jogaram bombas em prédios comerciais. Presa pela primeira vez em 1908, Adela Pankhurst continuou protestando com uma greve de fome. Ela fez 10 greves de fome durante as prisões subsequentes, e foi solta e presa novamente dependendo de seu estado de saúde. Era auxiliada pelas três filhas, tão enérgicas e dedicadas quanto ela.

> As mulheres sempre lutaram pelos homens e por seus filhos. Agora estão dispostas a lutar por seus próprios direitos humanos. Nosso movimento de militância está criado.

Ao falar no tribunal em sua defesa, ela afirmou:

> Não sinto nenhuma culpa. Eu me vejo como uma prisioneira de guerra. Não tenho nenhuma obrigação moral de me sujeitar ou de aceitar a pena que me foi imposta.

Na Primeira Guerra Mundial, o governo soltou todas as sufragistas presas e ofereceu à WSPU 2 mil libras em troca do fim de suas atividades de militância e da participação da entidade no esforço de guerra. Pankhurst organizou uma manifestação em Londres exigindo que os sindicatos permitissem o acesso das mulheres a profissões reservadas a homens. Elas carregavam faixas com lemas como:

EXIGIMOS O DIREITO DE SERVIR

OS HOMENS TÊM QUE LUTAR E AS MULHERES TÊM QUE TRABALHAR

QUE NINGUÉM SEJA FANTOCHE DO KAISER

PELO REI, PELO PAÍS, PELA LIBERDADE

Adela Pankhurst

# O sufrágio feminino na Austrália

A pioneira feminista australiana **Vida Goldstein** (1869-1949) se destaca como uma personagem importante na história do sufrágio feminino. Em 1899, depois de iniciar sua carreira como professora na escola que fundou em St. Kilda, Melbourne, ela decidiu dedicar suas atividades sociais ao movimento e fez campanha pelo Hospital Queen Victoria para mulheres.

Goldstein foi à Grã-Bretanha e aos Estados Unidos para participar de várias convenções e, em 1902, compareceu à Conferência pelo Sufrágio Feminino, em Washington.

Vida Goldstein

VOTO PARA AS MULHERES

*Falei ao Congresso dos Estados Unidos como representante tanto da Austrália quanto da Nova Zelândia.*

Goldstein era reformista social e, em 1903, tornou-se a primeira candidata australiana do Império Britânico a concorrer ao Parlamento. Embora não tenha conseguido uma cadeira no Senado, ela concorreu em cinco anos consecutivos (1910-1917).

> Fundei a **Women's Sphere** (1899-1905), uma revista feminista mensal, e, em 1909, a **Woman Voter**.

> E escrevi em apoio ao planejamento familiar e a leis igualitárias de naturalização para os dois sexos.

Goldstein também era pacifista. Na Primeira Guerra Mundial, ela presidiu a Aliança pela Paz e formou o Exército Feminino da Paz, para o qual recrutou a sufragista britânica Adela Pankhurst.

## O sufrágio ganha ímpeto

A luta para alcançar o direito total ao voto foi lenta e, às vezes, violenta. Mas essa conquista foi um marco na história do feminismo.

**1892** A Nova Zelândia é o primeiro país a garantir o sufrágio feminino, e as mulheres votam nas eleições de 1902. Isso provoca uma onda sufragista pelo mundo.
**1902** As australianas conquistam o direito de voto.
**1906** A Finlândia concede o voto às mulheres.
**1913** Noruega.
**1915** Dinamarca.
**1917** Países Baixos e União das Repúblicas Socialistas Soviéticas.
**1918** As britânicas com mais de 30 anos conquistam o direito ao voto. Canadá e Luxemburgo.
**1919** Áustria, Tchecoslováquia, Alemanha, Polônia e Suécia. A Bélgica concede o direito parcial ao voto.
**1920** As mulheres dos Estados Unidos conquistam o direito ao voto.
**1928** As britânicas com mais de 21 anos conquistam o pleno direito ao voto.
**1929** Equador.
**1934** A Turquia concede o sufrágio às mulheres. É assegurado o direito ao voto feminino no Brasil.
**1944** França.
**1946** As mulheres conquistam o voto no Japão.
**1947** China e Argentina.
**1948** Voto feminino na Coreia do Sul; voto pleno na Bélgica.
**1955** Mulheres instruídas podem votar no Iraque.
**1958** Concedido o voto às muçulmanas da Argélia.
**1963** Líbia.
**1971** Na Suíça, as mulheres votam nas eleições federais.
**1990** As mulheres votam em todos os cantões suíços.

Na década de 1980, as mulheres já podiam votar em quase todo o mundo, exceto em alguns países muçulmanos.

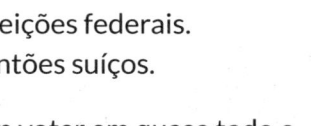

## Contra o sufrágio

Depois da conquista do voto na Grã-Bretanha e nos Estados Unidos, poucas feministas continuaram ativas: apenas as que lutavam pelo direito à contracepção, pela reforma da lei do aborto e pela oportunidade de serem aceitas em determinadas profissões.

Devemos destacar, porém, que a luta pelo sufrágio frequentemente vinha acompanhada de protestos contrários. Um exemplo notável é o de Grace Duffield Goodwin, em 1913.

**SANTA MATERNIDADE**

> As mulheres americanas não sofrem de nenhum mal que exija, para sua reparação, a derrubada violenta de toda a maquinaria política da nação.

Ela alertava que a luta pelo sufrágio ameaçaria a maternidade, a vida doméstica das mulheres e toda a ordem social.

Grace Duffield Goodwin

## A primeira reação violenta

No início do século XX, o movimento feminista provocava grande controvérsia, o que se traduzia no ataque veemente e aberto de várias publicações às feministas, por serem "imorais, lésbicas e péssimas mães".

> A vontade das mulheres de participar da política e de alcançar a independência econômica e a autonomia pessoal é explicada como um sintoma da sexualidade anormal e de desejos pervertidos.

> Esse comportamento antinatural é um sinal de homossexualidade, de mulheres que querem assumir papéis masculinos.

Em 1911, o escritor inglês Edward Carpenter descreveu as feministas como "masculinas no temperamento" e lésbicas sem instinto materno.

# Feminismo = lesbianismo?

Em 1901, o psiquiatra americano William Lee Howard escreveu um romance intitulado *The Perverts* (As pervertidas), que igualava feminismo a lesbianismo e moralidade degenerada.

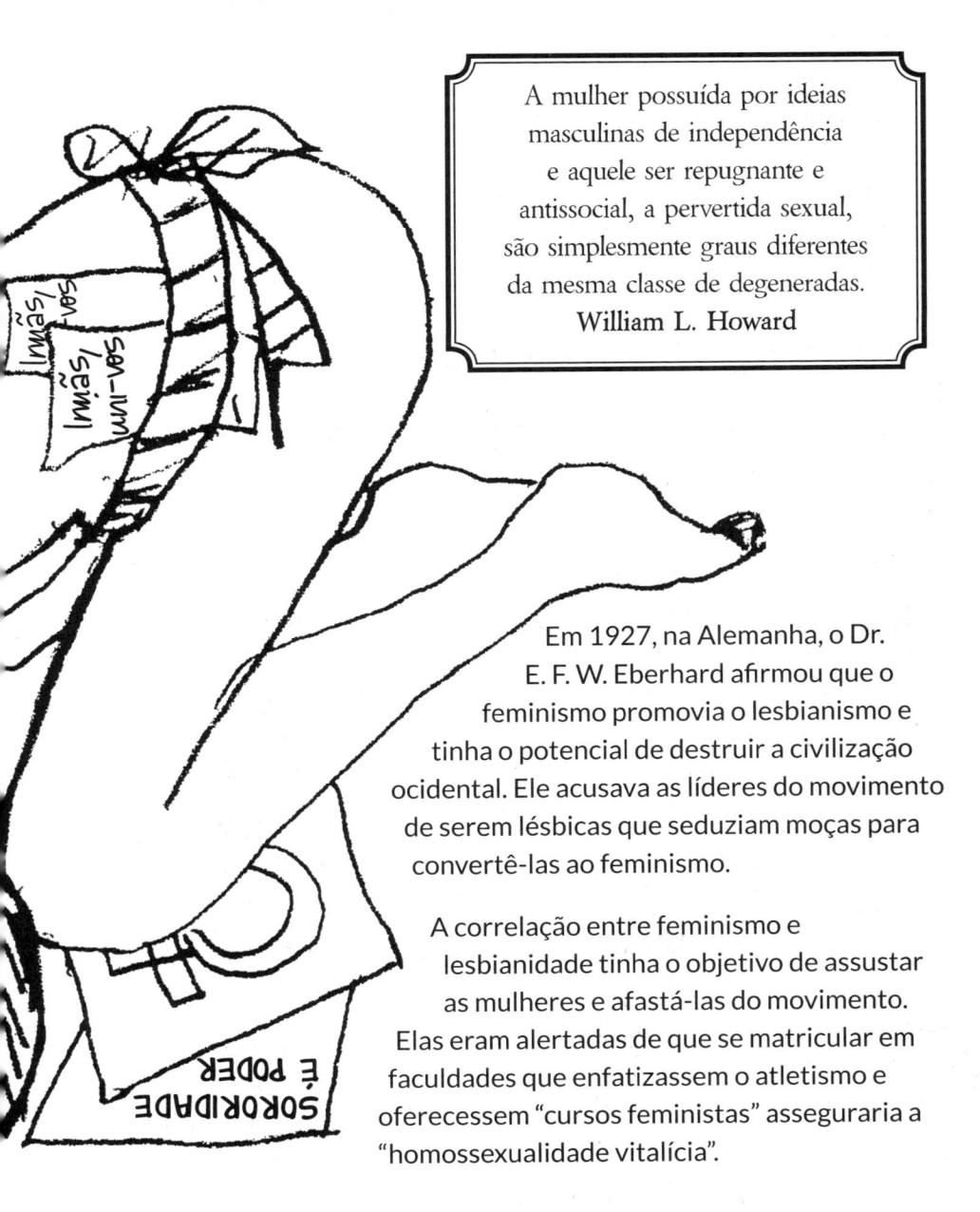

> A mulher possuída por ideias masculinas de independência e aquele ser repugnante e antissocial, a pervertida sexual, são simplesmente graus diferentes da mesma classe de degeneradas.
> **William L. Howard**

Em 1927, na Alemanha, o Dr. E. F. W. Eberhard afirmou que o feminismo promovia o lesbianismo e tinha o potencial de destruir a civilização ocidental. Ele acusava as líderes do movimento de serem lésbicas que seduziam moças para convertê-las ao feminismo.

A correlação entre feminismo e lesbianidade tinha o objetivo de assustar as mulheres e afastá-las do movimento. Elas eram alertadas de que se matricular em faculdades que enfatizassem o atletismo e oferecessem "cursos feministas" asseguraria a "homossexualidade vitalícia".

## Instruídas, mas subempregadas

Alguns críticos defendem que o feminismo perdeu força nos Estados Unidos da década de 1920 devido à complacência que se seguiu à conquista do sufrágio feminino. Mais tarde, Betty Friedan chamaria esse período de época da "mística feminina" (ver as páginas 90 e 91). As mulheres tinham cada vez mais instrução, alcançavam qualificações em nível universitário e, embora muitas delas estivessem empregadas, sua posição na força de trabalho diminuía.

*Enquanto os homens podem assumir profissões tradicionalmente associadas às mulheres, como o ensino e a assistência social...*

*... o contrário não vale para as mulheres.*

O resultado foi um excesso de mulheres muito instruídas porém subempregadas.

## *O sexo perdido*

A propaganda antifeminista minou os esforços para promover os direitos das mulheres e culminou com a publicação, em 1942, do best-seller *Modern Woman: The Lost Sex* (Mulher moderna: O sexo perdido), que enfatizava a necessidade de as mulheres voltarem ao lar e abrirem mão dos empregos bem remunerados na produção de guerra. As mulheres "perdidas" eram as independentes, interessadas em ciência, arte e política, que tinham construído uma carreira fora da esfera doméstica. O livro descrevia o feminismo como uma "expressão de doença emocional, de neurose [...] em seu âmago, uma doença profunda".

Alguns títulos tirados de revistas femininas de 1949:

"A FEMINILIDADE COMEÇA NO LAR"
"TENHA FILHOS ENQUANTO É JOVEM"
"COMO SEGURAR UM HOMEM"
"DEVO DEIXAR DE TRABALHAR QUANDO ME CASAR?"
"ESTÁ TREINANDO SUA FILHA PARA SER ESPOSA?"
"AS MULHERES PRECISAM FALAR TANTO?"
"PARA MIM, COZINHAR É POESIA"
"POR QUE OS SOLDADOS PREFEREM AS ALEMÃS"

# Virginia Woolf

Entre as mais famosas romancistas e escritoras feministas a questionar a contribuição das mulheres à vida social e política estava **Virginia Woolf** (1882-1941). Ela era casada com o jornalista político Leonard Woolf e fundou com ele a editora Hogarth Press, que publicou escritores relativamente desconhecidos, como Katherine Mansfield, T. S. Eliot e E. M. Forster. A Hogarth também fez as primeiras traduções para o inglês das teorias psicanalíticas de Freud.

Katherine Mansfield

> Woolf é uma escritora modernista que explora as limitações dos gêneros narrativos convencionais e consegue criar uma forma de autoexpressão feminina.

> Uso o fluxo de consciência em minhas narrativas porque quero descrever os átomos à medida que surgem na mente, na ordem em que surgem.

Virginia Woolf

## Um teto todo seu

Woolf foi convidada a fazer uma série de palestras em Newnham e Girton, na época as únicas faculdades para mulheres da Universidade de Cambridge. *Um teto todo seu* é uma versão resumida de suas palestras sobre "Mulheres e ficção" e foi publicado pela Hogarth Press em 1929.

> Mas não sou uma ativista das causas feministas.

> Minhas preocupações são a **esfera privada** da vida das mulheres e a política sexual e de gênero.

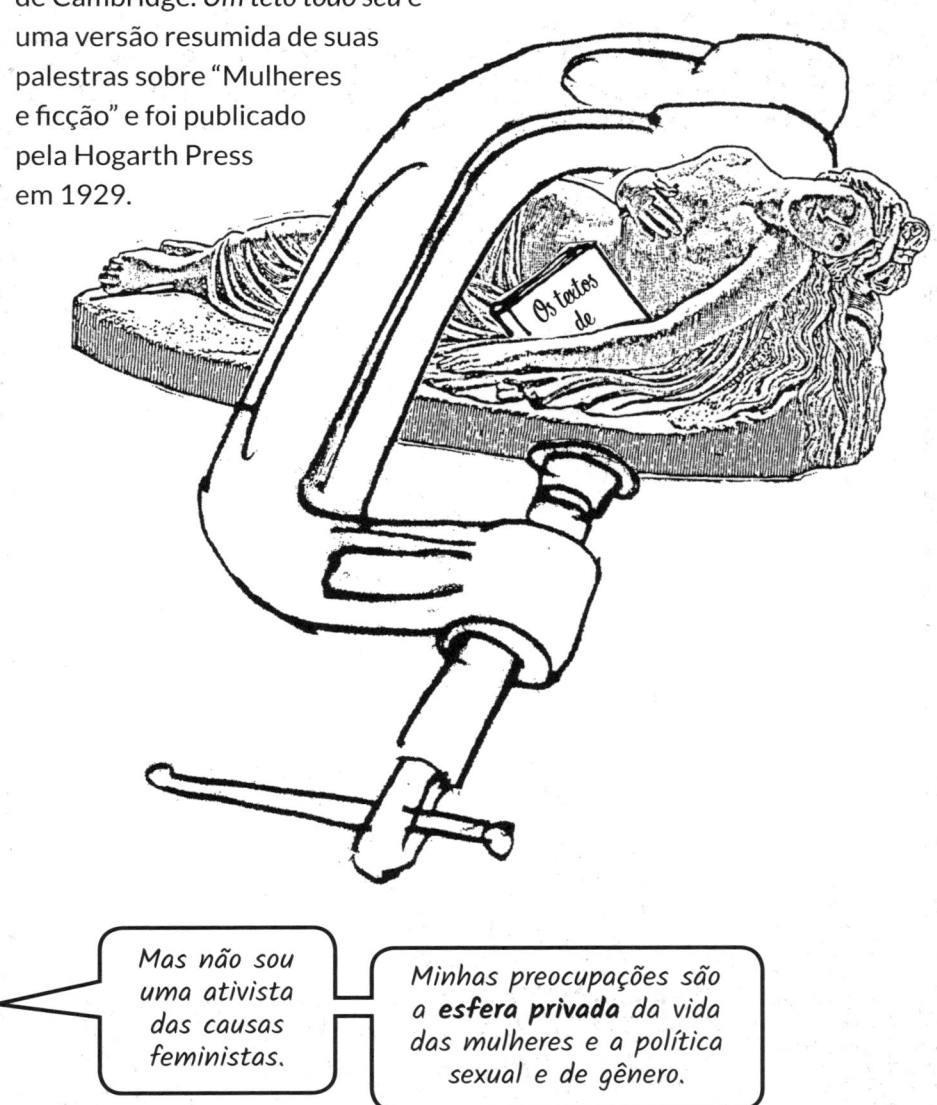

Em *Um teto todo seu*, ela examina as restrições culturais e econômicas à criatividade feminina e pondera os obstáculos históricos e políticos que impediam o estabelecimento de uma tradição literária feminina.

# Guinéus e fechaduras

A afirmativa mais famosa de Woolf é que, para ser criativa, a mulher precisa de uma renda estável de 500 libras por ano e um teto com seus próprios "guinéus e fechaduras". Num ensaio posterior intitulado "Profissões para mulheres", ela identifica duas questões específicas que impediam a criatividade feminina:

> A pressão social sobre as mulheres para ocultar o fato de pensarem por si próprias...

> ... e a necessidade de disfarçar seus desejos físicos para evitar reprimendas e a reprovação masculina.

Em *Os três guinéus* (1938), Woolf tentou construir uma identidade feminina que transcendesse as fronteiras nacionais e políticas. Ela abordou o papel social das "filhas de homens instruídos" de classe média e teceu comentários sobre sua educação, suas possibilidades de carreira e seu potencial para contribuir com a cultura nacional, da qual tinham sido historicamente excluídas.

## "Não tenho país..."

Embora em geral Woolf seja considerada uma crítica literária feminista, e não uma ativista social, grande parte de seus textos exibe uma consciência aguda da discriminação e da marginalização social. *Um teto todo seu* está repleto de exemplos de situações em que as mulheres são ativamente afastadas de meios sociais e culturais, como bibliotecas, universidades e restaurantes exclusivamente masculinos. De várias maneiras, sua escrita se tornaria mais relevante para as feministas posteriores, que buscavam a **tomada de consciência** na segunda onda feminista.

*Como mulher, não tenho país. Como mulher, não quero país. Como mulher, meu país é o mundo inteiro.*

Suas ideias sobre a necessidade de criar uma tradição literária feminina foram adotadas mais tarde pela **ginocrítica** (ver páginas 124 e 125).

# Simone de Beauvoir

*O segundo sexo* (1949), de **Simone de Beauvoir** (1908-1986), deu início a uma nova era no pensamento sobre a posição da mulher na sociedade e se tornou um clássico da filosofia feminista. Beauvoir apresentou um novo entendimento das relações sociais entre homens e mulheres. Sua interpretação da construção social da feminilidade como o **Outro** abriu caminho para as discussões teóricas da segunda onda.

> Ninguém nasce mulher: torna-se mulher.

> Nenhum destino biológico, psíquico ou econômico define a forma que a fêmea humana assume no seio da sociedade...

> É o conjunto da civilização que elabora esse produto intermediário entre o macho e o castrado que qualifica o feminino.

Simone de Beauvoir

## A existência precede a essência

Beauvoir explicou a subjetividade (nossa noção de individualidade) através da filosofia existencialista. O existencialismo propõe que primeiro existimos e, por meio de nossos atos, tornamo-nos alguma coisa. Ela argumentava que o indivíduo tem controle absoluto sobre o próprio destino e que a sociedade e a religião organizada não deveriam limitar nossa liberdade de viver de forma autêntica.

*Construímos nossa noção de individualidade em relação a algo que não é "nosso Eu" — um Outro.*

Mas, como os homens tinham tomado para si a categoria de Eu, ou Sujeito, a mulher fica relegada à condição de Outro. Em consequência, a categoria "mulher" não tem substância, a não ser como extensão da fantasia e dos temores masculinos.

Como todas as representações culturais do mundo que nos cerca foram produzidas por homens, as mulheres veem a si mesmas de acordo com as definições masculinas e "sonham através dos sonhos dos homens". Portanto, exige-se da mulher que ela aceite sua condição de Outro, que "se faça objeto" e "renuncie à sua autonomia".

*Essa condição de Outro pode mudar se as mulheres aprenderem a acessar a subjetividade que até então lhes foi negada.*

*As mulheres têm que conquistar a completa igualdade econômica e social, que lhe permitirá uma metamorfose interna.*

*Quando se tornar mulher, a fêmea será um Sujeito como o homem é um Sujeito, e será um Outro para o homem tanto quanto ele é um Outro para ela.*

## Marcos da segunda onda do feminismo

**1960** O primeiro anticoncepcional oral desenvolvido por cientistas americanos é aprovado para uso.

**1963** John F. Kennedy cria a Comissão sobre a Condição da Mulher, que expõe a discriminação contra mulheres no mercado de trabalho. Betty Friedan publica *A mística feminina*.

**1966** National Organization for Women (NOW) – Organização Nacional para Mulheres.

**1968** Movimento de maio de 68 – revolta dos estudantes na França. Protestos contra o concurso Miss América.

**1970** Germaine Greer, *A mulher eunuco*.
Shulamith Firestone, *A dialética do sexo*.
Kate Millet, *Política sexual*.

**1971** A revista *Ms* é fundada por Gloria Steinem.

**1972** A revista *Spare Rib* é lançada no Reino Unido (extinta em 1993).

**1974** Ann Oakley, *Women's Work* (O trabalho da mulher).

**1976** Adrienne Rich, *Of Woman Born* (Nascidos de mulher).
Dorothy Dinnerstein, *The Mermaid and the Minotaur* (A sereia e o minotauro).

**1978** Mary Daly, *Gyn/Ecology* (Gin/Ecologia).
Nancy Chodorow, *Psicanálise da maternidade*.

**1981** bell hooks, *E eu não sou uma mulher?*.

**1982** O Coletivo Combahee River lança seu manifesto.

**1983** Alice Walker, *In Search of Our Mother's Garden: Womanist Prose* (Em busca do jardim de nossa mãe: Prosa mulherista).

**1991** Naomi Wolf, *O mito da beleza*.
Susan Faludi, *Backlash* (Reação).

**1994** Lei da Violência contra a Mulher (Estados Unidos).

Ilustração de Oscar Zarate

Na Inglaterra, em 1981, mulheres protestaram contra a decisão do governo de instalar 96 mísseis Cruise em Greenham Common, em Berkshire. Elas criaram o Acampamento de Greenham Common das Mulheres pela Paz diante da base da Real Força Aérea. O protesto durou 19 dias, divulgando a causa contrária à guerra nuclear.

## A segunda onda do feminismo

As **feministas da segunda onda** adotaram e adaptaram a ideia de Beauvoir de que a opressão das mulheres se baseia em sua condição socialmente construída de Outro dos homens. A expressão "segunda onda" foi cunhada por Marsha Lear para descrever o aumento da atividade feminista nos Estados Unidos, na Grã-Bretanha e no restante da Europa a partir do fim da década de 1960.

*Dois movimentos políticos marcaram a segunda onda: o **Movimento dos Direitos das Mulheres** (Women's Rights Movement, WRM) e o **Movimento de Libertação da Mulher** (Women's Liberation Movement, WLM).*

*O WRM era composto majoritariamente por profissionais liberais que lutavam para acabar com a discriminação contra mulheres no trabalho.*

*Esse movimento também atraiu donas de casa de classe média que estavam insatisfeitas com o confinamento doméstico e queriam participar da força de trabalho.*

# O Movimento de Libertação da Mulher

O WLM surgiu da Nova Esquerda do WRM no final da década de 1960. Nos Estados Unidos, foi uma consequência do ativismo pelos direitos civis e das campanhas contra a Guerra do Vietnã. O WLM oferecia soluções **teóricas** para a opressão das mulheres, enquanto o WRM era um movimento mais **prático**, voltado para o aspecto social.

*Como as atitudes das mulheres variam de acordo com raça, classe, idade e nível de instrução, as feministas da segunda onda insistem em questionar o mito de uma experiência feminina universal.*

*Assim, a partir da década de 1960 falamos em **feminismos**.*

RETOME A NOITE

TRABALHO

FIM À GUERRA

# O pessoal é político

O lema "O pessoal é político" se referia ao fato de que todos os aspectos da vida privada de uma mulher são afetados por sua situação política e também podem afetá-la.

> Em apoio à nossa crença de que público e privado estão intimamente ligados, protestamos contra o concurso de beleza Miss América de 1968.

Na Grã-Bretanha, onde predominava o socialismo da classe trabalhadora, as operárias da fábrica da Ford entraram em greve para protestar contra a diferença salarial entre homens e mulheres. Feministas mais recentes questionaram as primeiras interpretações desse lema e convidaram as mulheres a separar o pessoal do político.

## As sete exigências do WLM

Em meados do século XX, o Movimento de Libertação da Mulher tinha objetivos claros e fazia campanha para conquistar:

1. Salários iguais para homens e mulheres
2. Oportunidades iguais de educação e trabalho
3. Creches 24 horas gratuitas
4. Acesso gratuito a métodos contraceptivos e ao aborto
5. Independência jurídica e financeira
6. Fim da discriminação contra lésbicas e o direito da mulher de definir sua sexualidade
7. Fim da intimidação por ameaça ou uso de violência e da agressão e da dominação masculinas

# Betty Friedan

Em 1963, **Betty Friedan** (1921-2006) publicou o best-seller *A mística feminina*, considerado um arauto da segunda onda do feminismo. O título se refere à idealização dos papéis tradicionais atribuídos às mulheres (como esposas e mães), interpretados como um meio de manter as mulheres subordinadas aos homens.

*Ela questiona a antiga ideia de que a mulher só encontra realização nos papéis domésticos.*

*Convido as mulheres a se verem como indivíduos com potencial de realizar seus sonhos.*

*"Ocupação: dona de casa" é uma expressão à qual ela faz grande objeção.*

o problema que não tem nome

Betty Friedan

# A mística feminina

"A mística feminina diz que o valor mais elevado e único compromisso da mulher é a realização da própria feminilidade [...]"

"[...] diz que essa feminilidade é tão misteriosa, intuitiva e próxima da criação e da origem da vida que a ciência dos homens talvez nunca seja capaz de entendê-la."

"O erro, diz a mística, a raiz dos problemas das mulheres no passado, é que as mulheres invejaram os homens em vez de aceitar sua própria natureza, que só encontra realização na passividade sexual, na dominação masculina e no amor materno e protetor."

Friedan foi muito importante para a tomada de consciência e a crítica à noção de "mística feminina". Ela despertou o interesse das mulheres, porque, ao contrário do filosófico *O segundo sexo* de Beauvoir, seu livro se fundamenta em experiências pessoais suas e de mulheres reais (com base em questionários que ela distribuíra entre ex-colegas de turma).

## Maternidade na frente da carreira?

Friedan começou a carreira profissional como jornalista e foi demitida quando engravidou. Esse incidente a fez tomar consciência da discriminação social contra profissionais mulheres. Ela acreditava que, como a sociedade dos Estados Unidos se baseava na busca do Sonho Americano, para alcançar a libertação das mulheres era necessário apenas um programa nacional de educação – que geraria trabalho gratificante para todos e libertaria ambos os sexos.

> Não priorizei a carreira em detrimento da família.

> Se as mulheres desejam ser normais e morais, sempre vão colocar o casamento e a maternidade na frente da carreira.

Friedan defendia que, se aprendessem a conciliar seus inúmeros deveres domésticos, as mulheres encontrariam tempo e energia para se dedicar à carreira profissional. Isso lhes asseguraria satisfação pública e privada.

Há muitas questões problemáticas no argumento de Friedan. Ela não identificava a fonte da opressão das mulheres nem levava em consideração o fato de diferentes mulheres não terem o mesmo acesso à educação. Como Beauvoir, Friedan se concentrou apenas na experiência de brancas heterossexuais de classe média. Ambas tendiam a culpar as próprias mulheres pela posição subordinada que ocupavam e deixaram de reconhecer a necessidade de mudar a sociedade para acomodar a mudança na vida delas.

Apesar disso, Friedan era uma ativista extraordinária.

> Fundei a **National Organization for Women** (Organização Nacional das Mulheres, NOW) em 1966...

> ... e organizei a **Conferência Política Nacional das Mulheres** em 1971 e o **Congresso Feminista Internacional** em 1973.

> E fundei o **First Women's Bank** (Primeiro Banco das Mulheres) em 1973.

MULHERES PRECISAM DE IGUALDADE CONSTITUCIONAL AGORA

NOW – NATIONAL ORGANIZATION FOR WOMEN

# A mística feminista

Em sua publicação posterior *A segunda etapa* (1981), ela detalha os obstáculos enfrentados pelas mulheres que tentam conciliar casamento e carreira.

> *Em nossa reação contra a mística **feminina**, que definia as mulheres apenas segundo sua relação com os homens nos papéis de esposa, mãe e trabalhadora doméstica, às vezes parecemos cair numa mística **feminista**...*

> *... que negava aquela essência da personalidade da mulher que se realiza pelo amor, pela proteção, pelo lar.*

Essas supermulheres da década de 1980 tentaram cumprir a tarefa impossível de serem tanto "mulher" em casa quanto "homem" no trabalho. Friedan defendia que, para resolver esse dilema, o movimento das mulheres teria que recomeçar do zero e que, dessa vez, os homens deveriam se envolver para mudar os valores, os estilos de liderança e a estrutura institucional do espaço público.

## Tomada de consciência e bate-papo

As ativistas feministas da década de 1970 entendiam a necessidade de se fazer ouvir por mais gente, mas também tinham o objetivo de tornar o Movimento de Libertação da Mulher mais inclusivo e representativo. Nos Estados Unidos, o esforço de **tomada de consciência** (*consciousness raising*, C-R) tomou a forma de **grupos de bate-papo** (*rap groups*) organizados no país inteiro.

Os grupos de bate-papo reuniam mulheres de várias origens numa estrutura social em que podiam interagir e comparar as preocupações em comum. Esses grupos educaram as integrantes sobre a política de discriminação e alteraram a percepção e a concepção que tinham de si em relação à sociedade. Os grupos se caracterizavam pela abordagem livre.

*Ninguém lidera a discussão e ninguém manda.*

*No processo de tornar público o que é pessoal, as mulheres perceberão que o pessoal também pode ter implicações políticas.*

## Variedades do feminismo

Desde a década de 1960, as diferentes perspectivas feministas sobre a vida das mulheres deram origem a diversas posições.

O **feminismo lésbico** alerta que a heterossexualidade compulsória perpetua a opressão sexual da mulher. Em 1955, um grupo de ativistas feministas lésbicas de São Francisco formou o grupo Daughters of Bilitis (Filhas de Bilitis), nome inspirado no poema de amor sáfico "Chansons de Bilitis", de Pierre Louÿs. Na Grã-Bretanha, no fim da década de 1970, as feministas revolucionárias de Leeds criaram o "processo contra a heterossexualidade".

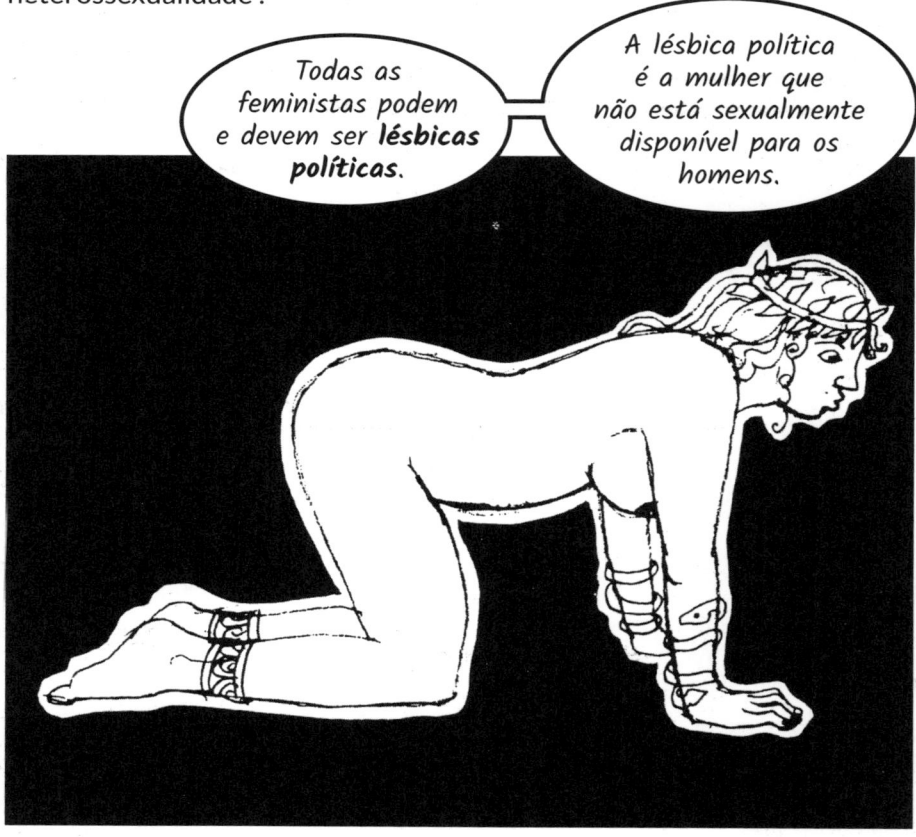

> Para a feminista lésbica, o sexo não é um assunto privado, e sim uma questão política de opressão, dominação e poder.

> A lésbica rejeita a dominação sexual/política masculina; ela desafia o mundo masculino, sua organização social, sua ideologia e sua definição dela como inferior.

Charlotte Bunch

O FUTURO É FEMININO.

SE AS MULHERES DOMINASSEM O MUNDO, NÃO HAVERIA GUERRAS.

As **feministas culturais** acreditam que as mulheres foram separadas umas das outras e convencidas de sua inferioridade. A lésbica é a única mulher capaz de alcançar seu pleno potencial.

# Feminismo socialista

O **feminismo socialista** afirma que as mulheres são limitadas pela falta de instrução e pela discriminação social e defende que a mudança nas posturas públicas é necessária para as mulheres se integrarem a todos os níveis da sociedade.

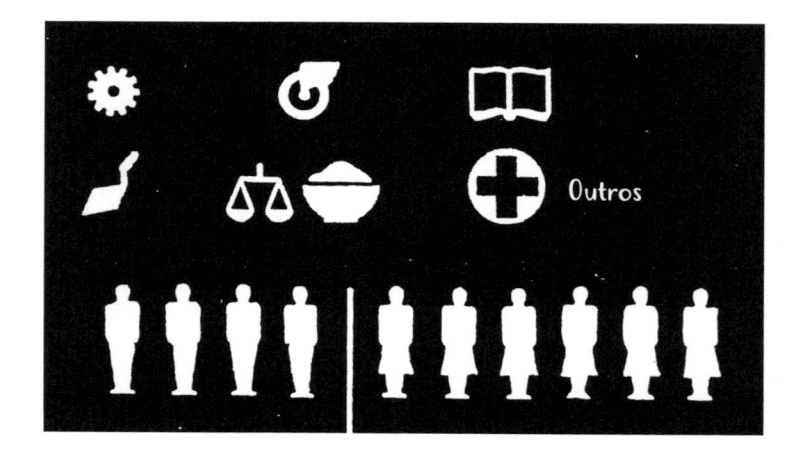

Uma sociedade feminista socialista exigiria/garantiria:
- Assistência médica gratuita, humana e competente
- Autonomia sobre o próprio corpo
- Disponibilidade de moradias para uso privado e coletivo
- Alimentação variada, nutritiva e abundante
- Respeito social pelo trabalho dos outros
- Conselhos democráticos
- Avanços científicos voltados para o melhoramento da vida humana
- Fim do trabalho doméstico como serviço privado e não remunerado
- Redefinição dos empregos
- Liberdades civis e políticas, incentivando a participação de todos
- Desarmamento e controle comunitário da polícia
- Responsabilidade social pela criação dos filhos
- Educação gratuita e pública de qualidade
- Liberdade para definir relacionamentos sociais e sexuais
- Uma cultura popular que amplie o respeito próprio e aos outros
- Apoio ao desenvolvimento interno e à autodeterminação de países do mundo inteiro

As feministas socialistas também viam grande potencial na unidade das mulheres em laços de **sororidade**, que permitiriam a tomada revolucionária do poder. Elas desenvolveram uma estratégia tripartite:

1) Conquistar reformas reais e concretas que atendam às necessidades da mulher

2) Dar às mulheres a noção do poder que têm

3) Alterar as relações de poder

*A participação nos grupos de bate-papo pode levar as mulheres a um beco sem saída se não for acompanhada pela ação e sustentada por uma noção clara de ideologia.*

# Feminismo marxista tradicional

Para as feministas marxistas, a divisão do trabalho e a falta de apoio às mães trabalhadoras definem as mulheres pela responsabilidade doméstica e as excluem do trabalho produtivo.

*Atribuímos a opressão das mulheres a fatores sociais como a divisão de classes.*

*Defendemos a erradicação da estrutura familiar burguesa, que depende do trabalho doméstico não remunerado das mulheres.*

A ORIGEM DA FAMÍLIA, DA PROPRIEDADE PRIVADA E DO ESTADO

FRIEDRICH ENGELS

As feministas marxistas se opõem à ênfase que o Movimento de Libertação da Mulher dá a metas relevantes apenas para as mulheres de classe média (ver Shulamith Firestone, páginas 114 a 116).

# Feminismo radical

O **feminismo radical** se considera revolucionário. Ele afirma que a emancipação não basta, pois as mulheres ainda assim seriam oprimidas e exploradas. A única maneira de "libertá-las" é se opondo ao patriarcado e ao casamento. As feministas radicais questionam todos os aspectos da vida das mulheres.

> Ser feminista radical envolve encontrar maneiras novas de fazer as coisas que antes eram aceitas como normais/dadas/padrão/aceitáveis.

O feminismo radical também envolve repensar a linguagem, que é definida pelos homens e exprime valores dominados por eles. Portanto, as radicais defendem a revisão da linguagem para que definições masculinas do mundo possam ser apropriadas e passem a refletir a experiência e a participação das mulheres nele.

**Gail Chester**

As feministas radicais enfatizam a necessidade da tomada de consciência como ferramenta revolucionária. De acordo com Gail Chester:

> A lição política mais fundamental a aprender como feminista radical é que sou uma parte importante da revolução.

> Na medida em que sou oprimida, posso lutar para mudar minha vida na companhia de outras mulheres. Eu importo.

> Não estou no Movimento de Libertação da Mulher porque me sacrifico nem porque sou amorosa e generosa como as mulheres deveriam ser, mas porque acredito que minha vida tem que mudar, assim como a vida de todas as mulheres.

# LIBERTAÇÃO DA MULHER

As **feministas supremacistas** acreditam que as mulheres são biológica e moralmente superiores, embora os homens detenham o poder pela força.

*As mulheres têm que declarar guerra contra os falocratas!*

As **feministas humanistas** defendem que tanto homens quanto mulheres são forçados a representar papéis socialmente construídos – que impedem o desenvolvimento de sua autêntica individualidade.

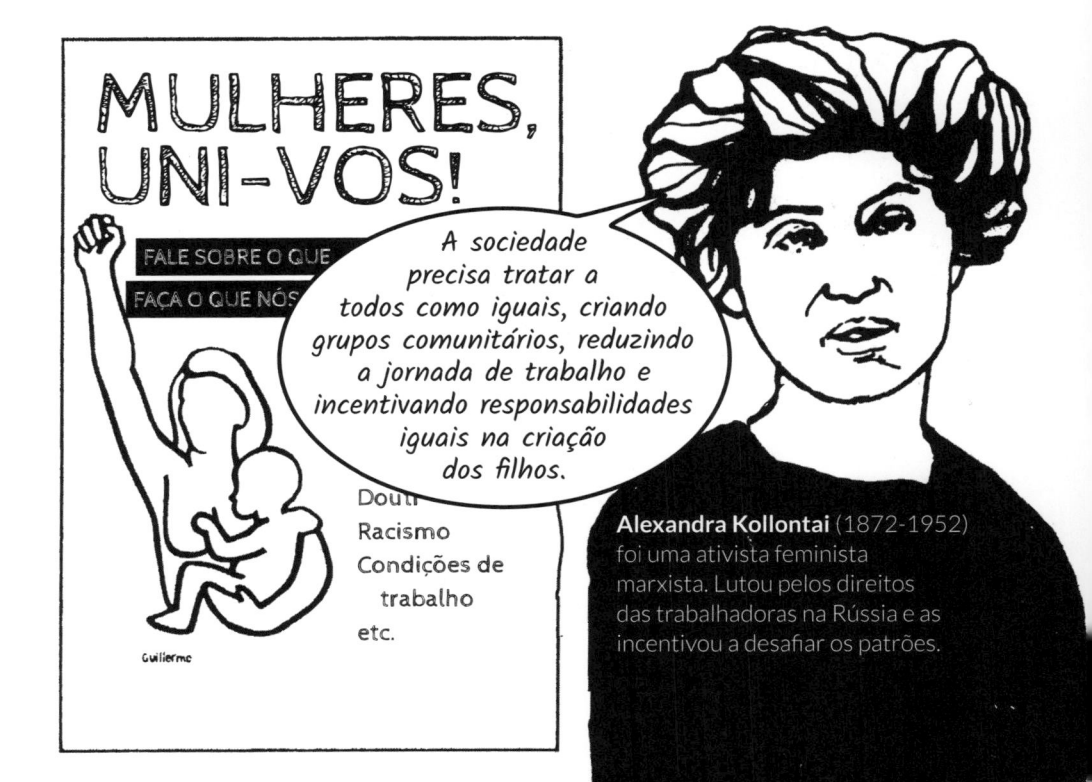

**MULHERES, UNI-VOS!**

FALE SOBRE O QUE
FAÇA O QUE NÓS

Dou...
Racismo
Condições de trabalho
etc.

*A sociedade precisa tratar a todos como iguais, criando grupos comunitários, reduzindo a jornada de trabalho e incentivando responsabilidades iguais na criação dos filhos.*

**Alexandra Kollontai** (1872-1952) foi uma ativista feminista marxista. Lutou pelos direitos das trabalhadoras na Rússia e as incentivou a desafiar os patrões.

# Ecofeminismo

O **ecofeminismo** engloba uma variedade de perspectivas feministas. O termo foi cunhado por **Françoise d'Eubonne** em 1974, e vem sendo usado desde então para se referir a uma série de ideias sobre práticas feministas ecológicas. Essas ideias refletem diferentes entendimentos sobre a natureza dos atuais problemas ambientais e suas possíveis soluções.

Apesar da abordagem diversificada, as ecofeministas concordam que a destruição do meio ambiente é politicamente análoga à contínua dominação das mulheres.

> Portanto nossa metodologia envolve encontrar maneiras de correlacionar a opressão das mulheres com a destruição do meio ambiente — e descobrir soluções para ambos os problemas.

As ecofeministas costumam recorrer à crítica da **tecnologia**.

> A tecnologia permite a invasão e a apropriação da natureza e do corpo feminino.

> Às vezes o ecofeminismo é visto como uma forma de pensamento **essencialista**, em sua tentativa de igualar mulheres à natureza.

Embora algumas ecofeministas vejam a tecnologia como uma ferramenta de opressão patriarcal, outra vertente considera que os avanços tecnológicos oferecem às mulheres possibilidades utópicas, pois as liberam do papel tradicional de trabalhadoras domésticas.

# Feminismo psicanalítico

Em 1972, **Phyllis Chesler** publicou *Women and Madness* (Mulheres e loucura), que detalhava sua observação das pacientes de uma instituição psiquiátrica de Nova York.

> *A psicanálise considera a loucura uma característica normativa da feminilidade.*

> *A partir daí, criou-se todo um debate sobre até que ponto a psicanálise freudiana pode ser usada para explicar a vida da mulher.*

Muitos críticos passaram a usar ou condenar Freud por suas teorias sobre feminilidade e socialização de gênero, mas só com *Psicanálise e feminismo* (1974), de **Juliet Mitchell**, as teóricas feministas começaram a ver "a psicanálise não como recomendação, mas como análise de uma sociedade patriarcal". (Mais sobre psicanálise e feminismo nas páginas 126 e 127.)

Phyllis Chesler

# Pós-feminismo

Em 1968, na França, o Movimento de Libertação da Mulher (conhecido como MLF) se dividiu em duas facções. Um grupo sustentava que alcançar a *igualdade* com os homens deveria continuar a ser a meta do movimento, enquanto o outro defendia a importância de preservar a *diferença* entre homens e mulheres.

Esse segundo ramo do MLF, a facção **pós-feminista**, inclui críticas psicanalistas como **Julia Kristeva** e **Hélène Cixous**.

*Enfatizamos a necessidade de reconhecer as diferenças fundamentais entre homens e mulheres para compreender as múltiplas subjetividades das mulheres.*

Julia Kristeva

## Protesto e revolta

Um dos objetivos do ativismo feminista é militar contra todas as formas de **objetificação da mulher.** Os concursos de beleza são especialmente polêmicos, por envolverem a exposição de moças seminuas a serem julgadas de acordo com padrões convencionais – e controversos – de feminilidade.

Em 7 de setembro de 1968, feministas americanas realizaram um protesto contra o concurso de Miss América, considerado explorador e degradante para as mulheres.

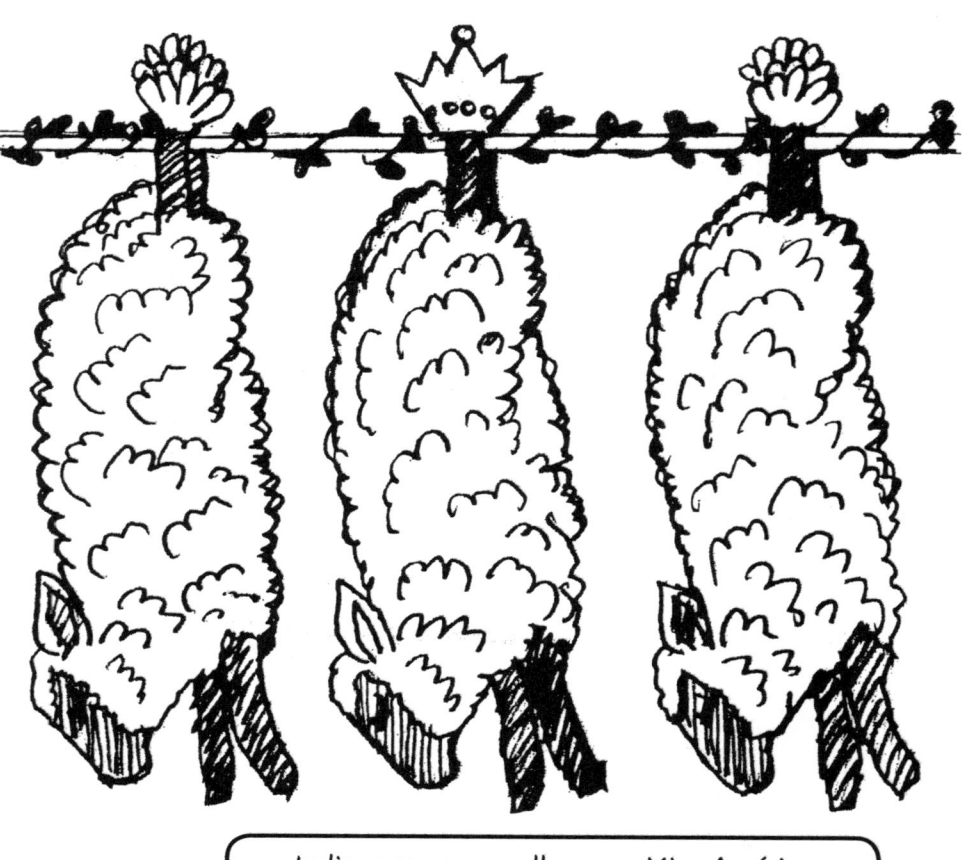

> Indicamos uma ovelha para Miss América e jogamos na "Lata de Lixo da Liberdade" símbolos de opressão patriarcal como sutiãs, cintas, cílios postiços, espartilhos e saltos altos.

Folhetos anunciando o protesto convidavam as mulheres para a passeata até Atlantic City que aconteceria naquele dia e pediam que elas levassem qualquer "lixo feminino" – como exemplares das revistas *Cosmopolitan*, *Ladies' Home Journal* e *Family Circle* – para ser queimado. O protesto, que anunciou o boicote de todos os produtos comerciais ligados ao concurso, organizou um comício do Movimento de Libertação da Mulher à meia-noite, quando a Miss América seria coroada ao vivo na televisão.

Embora declarassem especificamente que nenhuma tática destrutiva pesada seria usada, as manifestantes exprimiram sua recusa em cooperar com os policiais.

*Caso haja prisões, queremos ser presas apenas por policiais mulheres.*

DESFILES DE GADO DEGRADAM SERES HUMANOS

Foi uma declaração irônica que continha sua própria mensagem, porque, em Atlantic City, as policiais femininas não tinham permissão para realizar prisões.

O protesto não obteve licença dos bombeiros, e a fogueira na Lata de Lixo da Liberdade nunca foi acesa. No entanto, esse incidente provocou na imprensa boatos de "queima de sutiãs".

*Lançamos um manifesto destacando 10 pontos de luta. Protestamos contra:*

- O degradante símbolo da garota burra e peituda
- O racismo (pois desde a criação do concurso, em 1921, todas as vencedoras do Miss América tinham sido mulheres brancas)
- A Miss América como mascote militar da morte (um dos deveres da eleita era visitar e divertir as Forças Armadas americanas no exterior)
- A manipulação dos consumidores
- A competição fraudada e não fraudada
- A mulher como tema obsolescente da cultura popular (espetar, mutilar e depois descartar)
- A combinação inevitável de santa e puta
- A coroa irrelevante do trono da mediocridade
- Miss América como sonho equivalente a...? (Meninos querem ser presidentes; meninas, rainhas da beleza)
- Miss América como a Grande Irmã que Observa (modelo opressor)

## Uma Miss América negra

Embora continuassem a ser realizados, os concursos de beleza provocavam frequentes controvérsias. Em 1983, **Vanessa Williams** entrou para a História ao se tornar a primeira mulher negra a ser coroada Miss América. Um ano depois, ela voltaria a entrar para a História ao ser obrigada a devolver o título depois de posar nua para a revista *Penthouse*. Várias figuras públicas importantes a apoiaram, inclusive as ativistas feministas Gloria Steinem e Susan Brownmiller e os políticos negros Jesse Jackson e Benjamin Hooks.

*Isso demonstra o "dois pesos, duas medidas" do concurso de beleza.*

*O evento julga as mulheres pela aparência física, mas as condena por revelar seu aspecto físico, alegando imoralidade.*

Gloria Steinem

Benjamin Hooks

# Germaine Greer

**Germaine Greer** (1939) sempre foi uma figura polêmica do feminismo. Desde 1970, quando seu livro *A mulher eunuco* entrou para a lista de mais vendidos, ela passou a ser conhecida como celebridade e porta-voz do movimento.

*A mulher eunuco* foi uma obra revolucionária que criticava a estrutura da família tradicional e o mecanismo da família nuclear, que Greer percebia como a fonte do desempoderamento das mulheres.

> A heterossexualidade é uma forma de opressão que condiciona as mulheres a se sujeitar às expectativas de feminilidade da sociedade e as incentiva a acreditar que seu valor depende de sua capacidade de agradar os homens.

Germaine Greer

Greer também criticou o local de trabalho, onde as mulheres sofrem pressão para agradar os superiores do sexo masculino da mesma maneira que no casamento. Sobre essa questão, a revista *Vogue* a citou:

> Não fique aí sentada, tome o emprego dele!

GERENTE

Greer defendia a liberação sexual como meio de libertar o sexo das amarras das instituições patriarcais.

No entanto, em 1984, Greer publicou *Sexo e destino*, outra obra polêmica, que contradizia *A mulher eunuco* ao enfatizar a castidade como a melhor forma de controlar a natalidade. Greer convidava o público a considerar a menopausa uma experiência libertadora.

# Shulamith Firestone

*A dialética do sexo* foi publicado em 1970. **Shulamith Firestone** (1945-2012) acreditava que a capacidade de reprodução das mulheres era a fonte de sua opressão. Portanto, para erradicar a desigualdade social, é preciso fazer uma **revolução biológica**.

> *A reprodução artificial é o caminho para a libertação da mulher.*

> *Se não fossem obrigadas a passar pela gravidez e pelo ato bárbaro do parto, as mulheres assumiriam o controle de sua função reprodutiva.*

Firestone defendia que uma sociedade igualitária só poderia ser alcançada por meio de um sistema **andrógino**, no qual "não mais importasse culturalmente" quem possui útero. Nesse sistema, a estrutura tradicional da família, que atribui papéis sexuais claros a cada gênero, se dissolveria, pois a heterossexualidade não seria mais compulsória e as mulheres seriam libertadas do confinamento doméstico.

# Reprodução, não produção

Firestone revisou as teorias de Marx e Engels, que ignoram a exclusão da mulher da sociedade.

> Na minha versão da História, a **classe sexual**, e não a classe econômica, é o conceito central.

> Faço uma distinção entre a classe dos homens e a das mulheres.

Shulamith Firestone

Essa distinção lhe permitiu examinar a **reprodução**, em vez da produção, como força motriz da História. As mulheres deveriam assumir o controle dos meios de reprodução para eliminar a discriminação de classe sexual. Isso pode ser conquistado por meio do amplo acesso aos métodos anticoncepcionais, à esterilização e ao aborto.

# Consumindo pelo capitalismo

Firestone explicou que a família biológica baseada na discriminação de classe sexual beneficia o capitalismo por possibilitar o confinamento das mulheres à esfera doméstica e permitir que os homens controlem a esfera pública.

> *Como trabalhadoras domésticas não remuneradas, as mulheres e seus filhos se tornam consumidores em apoio à economia capitalista.*

Portanto o capitalismo se afirma com base na distinção entre a mulher reprodutora e o homem produtor. No entanto, quando liberadas da responsabilidade de reproduzir, as mulheres podem participar do mundo do trabalho e alcançar a independência econômica e pessoal.

# Kate Millet

A *política sexual* (1970), de **Kate Millet**, foi outra obra feminista radical que explicou as raízes da opressão das mulheres através do sistema de **sexo/gênero** do patriarcado. Millet (1934-2017) insistia que o sexo é político porque a relação entre homens e mulheres está por trás de todas as **relações de poder**.

> O sexo biológico é natural [...] O gênero é culturalmente construído [...] a feminilidade é culturalmente definida com base no que a sociedade entende como gênero.

> A casta social supera todas as outras formas de desigualdade: racial, política ou econômica.

> A menos que o apego à supremacia masculina como direito de nascença seja finalmente abandonado, todos os sistemas de opressão continuarão a funcionar, simplesmente em virtude de sua autoridade lógica e emocional na situação humana primária.

Kate Millet

# A hierarquia de sexo/gênero

O patriarcado é responsável pela construção de um sistema social que atribui um **status sexual**, um **papel** e um **temperamento** a cada gênero, assegurando assim a hierarquia de sexo/gênero. Em consequência, características "masculinas" são atribuídas aos papéis sociais dominantes, enquanto as "femininas" são associadas a submissão e dependência.

*A ideologia patriarcal é inscrita na mente das mulheres por meio da educação, da religião e da família, assegurando que internalizem uma noção de inferioridade em relação aos homens.*

*Qualquer mulher que tente desafiar sua posição de subordinação será coagida e intimidada a desempenhar o papel feminino que dela se espera.*

# Misoginia na literatura

Millet buscou na literatura exemplos de misoginia. Ela destacou o trio **D. H. Lawrence**, **Henry Miller** e **Norman Mailer** como os maiores culpados.

*A literatura atua como uma forma de propaganda do patriarcado, e esses escritores em particular tinham ideias reacionárias que glorificavam explicitamente a estereotipação e a objetificação das mulheres.*

Millet observou que, apesar da persistente dominação patriarcal, as mulheres sempre resistiram e desafiaram a opressão.
Ela descreveu as mulheres de 1970 como decididas a eliminar o sistema sexo/gênero e a criar uma nova sociedade andrógina na qual homens e mulheres levassem vidas iguais.

# Ann Oakley

De modo semelhante a Firestone, **Ann Oakley** (1944) era *contra* a maternidade biológica. Em *Women's Work* (O trabalho da mulher, 1974), ela questiona o **"mito da maternidade biológica"**, que se baseia em três pressupostos:

*Que todas as mulheres precisam ser mães, todas as mães precisam dos filhos, todos os filhos precisam das mães.*

Ela discordava sistematicamente desses pressupostos e argumentava que:

1. A necessidade de ser mãe é instilada artificialmente durante a socialização – quando a mãe ensina à filha as expectativas que a sociedade tem em relação a ela – e não é parte essencial nem natural de sua existência.

2. A crença de que as mães precisam dos filhos se baseia na falácia do **instinto materno**, que tem que ser satisfeito sob pena de a mulher se tornar frustrada. Oakley refuta a ideia de que as mulheres são atraídas instintivamente para os filhos e afirma que ninguém nasce mãe, mas se torna.

**3.** O mito da maternidade biológica se manifesta com mais ênfase na suposição de que todos os filhos precisam das mães, o que também se baseia num raciocínio errôneo.

As crianças poderiam ser criadas por **mães sociais** de maneira tão eficaz quanto por suas mães biológicas.

Tanto o pai quanto a mãe podem cuidar dos filhos. Não há diferença entre eles nesse aspecto.

A **"maternidade coletiva"** pode cuidar muito bem das crianças, sem a necessidade da maternidade individual.

Ann Oakley

## Mulheres como sujeito

Em 1981, Oakley publicou *Subject Women* (Mulheres como sujeito), que avaliava o progresso do movimento feminista. Ela examinou a situação jurídica, política, social e econômica da mulher e avaliou em que grau sua participação na sociedade afetava sua condição de "segundo sexo".

> Os homens, como maridos, pais e chefes de família, e o capitalismo, como modo de produção que dá origem a uma determinada divisão de interesses de classe, podem ser responsabilizados pelo hábito de atribuir às mulheres um status de segunda classe.

Oakley argumentava que, como "os homens são individualizados" e o capitalismo é abstrato, eles podem ser culpados de forma mais imediata. Mas ela também concluiu que era impossível gerar um modelo patriarcal de sociedade que correspondesse a uma experiência universal de opressão da mulher.

Provocativa, sugeriu que, embora alguns grupos sociais possam ter conspirado contra as mulheres, estas também conspiraram entre si e discriminaram suas iguais. Ela defendia um engajamento mais ativo das feministas nos aspectos sociológicos da vida da mulher, em vez de confinar seu esforço ao domínio elitista da pesquisa e da academia.

> A ascensão do "segundo sexo" exige uma nova linguagem e novas estruturas de pensamento para gestar uma **sociedade completamente diferente**.

> Não uma sociedade em que as mulheres se igualem aos homens, nem em que os homens se igualem às mulheres, nem mesmo em que as mulheres suplantem os homens em autoafirmação e engenharia social autocentrada.

# Ginocrítica

Na década de 1970, foi intensa a atuação feminista nos níveis político e sociológico, e as feministas da academia se dedicaram a questionar o cânone literário ocidental.

> O cânone ocidental gira em torno de obras literárias endossadas pelo patriarcado e escritas, em sua maioria, por homens.

A *Literature of Their Own* (Uma literatura toda sua, 1977), de **Elaine Showalter**, tentou estabelecer uma tradição literária que refletisse a variedade de experiências da mulher no mundo. O livro também afirmava a importância da contribuição das escritoras para o corpus da literatura ocidental.

Showalter dividiu a história literária das mulheres em três fases:

> A fase **feminina** (1840-1880), na qual a escrita produzida pelas mulheres **imitava** as publicações populares dos homens.

Elaine Showalter

> A fase **feminista** (1880-1920), na qual as escritoras **protestavam** contra sua marginalização.

> A fase **fêmea** (a partir de 1920), na qual a escrita das mulheres passou a se preocupar com a **autodescoberta**.

Em 1979, Showalter cunhou o termo "**ginocrítica**" para se referir a uma prática crítica em que a "psicodinâmica da criatividade da mulher" é explorada e registrada. A ginocrítica ficou muito associada à crítica literária feminista anglo-americana. *The Madwoman in the Attic* (A louca no sótão, 1979), de **Sandra M. Gilbert** e **Susan Gubar**, é uma das obras mais influentes da ginocrítica, ao tentar estabelecer uma tradição literária anglo-americana de mulheres sem se referir a autores homens nem incorporá-los.

# Psicanálise e pensamento feminista

Na década de 1970, muitas feministas, como Firestone, Friedan e Millet, repreenderam Freud com veemência por sua teoria da **inveja do pênis**, que afirmava que a percepção que a menina tem de si e de todas como ela é de "castrados inferiores". Elas argumentavam que a condição social da mulher como Outro impotente pouco tinha a ver com a biologia (sexo) e muito com construtos sociais de feminilidade.

**Betty Friedan**

*O aforismo "anatomia é destino", de Freud, significa que o papel reprodutivo, a identidade de gênero e a preferência sexual da mulher são determinados pela falta do pênis.*

*Assim, qualquer mulher que não aja de acordo com o que a biologia determina é "anormal".*

Friedan rejeitava a ênfase excessiva de Freud na sexualidade e argumentava que a preocupação obsessiva da sociedade com o corpo feminino discrimina as mulheres. Ela pôs o foco nas situações culturais e socioeconômicas que determinam o destino das mulheres, e não na suposta falta de uma parte do corpo.

Ainda assim, as críticas feministas nunca tiveram uma voz unificada. Seu ponto forte está na diversidade de perspectivas.

O PODER DO PAI

*Em oposição a Friedan, endosso a ênfase de Freud na sexualidade feminina, mas a interpreto em termos políticos.*

*Minha rejeição a Freud se deve à sua falta de atenção às relações de poder dentro da família e sua aparente indiferença ao poder do pai.*

Apesar disso, várias críticas feministas encontraram na psicanálise freudiana conceitos úteis, que adaptaram ao entendimento da sexualidade feminina e da relação da mulher com a maternidade, como veremos.

Shulamith Firestone

# "A reprodução da maternidade"

**Dorothy Dinnerstein** e **Nancy Chodorow** são duas críticas feministas que usaram o arcabouço psicanalítico para analisar o complicado papel que as mulheres desempenham como mães na sociedade. Elas se concentraram no conceito freudiano de **estágio pré-edipiano** do desenvolvimento psicossexual – no qual o bebê ainda está ligado à mãe – para mostrar como sexualidade e gênero são construídos para dar primazia aos homens em relação às mulheres.

> Nós nos opomos à ideia de que as mães são responsáveis pela maior parte da criação dos filhos.

> A prática da criação dupla permitiria às crianças ver os pais como criaturas **acessíveis** e **falíveis**.

Dorothy Dinnerstein

# Sereias e minotauros

Dinnerstein reinterpretou a importância do estágio pré-edipiano em sua análise sobre a influência dos arranjos culturais de gênero sobre a autopercepção de mulheres e homens como **sereias** e **minotauros**.

> A sereia traiçoeira, fêmea sedutora e impenetrável, representante do mundo submarino escuro e mágico do qual surge a vida e no qual não podemos viver, atrai os viajantes para a morte.

> O medonho minotauro, filho gigantesco e eternamente infantil da luxúria antinatural da mãe, macho representante do poder irracional e ganancioso, devora, insaciável, carne humana viva.

Por que as mulheres são sereias e os homens, minotauros?

A resposta está no estágio pré-edipiano, em que o bebê do sexo masculino desenvolve sentimentos conflitantes em relação ao corpo da mãe, que ele vê como fonte de prazer e dor. O homem adulto quer evitar essa dependência do corpo feminino controlando-o. Já a menina lida com o poder da mãe dentro de si buscando ser controlada por homens. Isso resulta num conjunto deformado de seis arranjos de gênero que determinam todas as relações humanas.

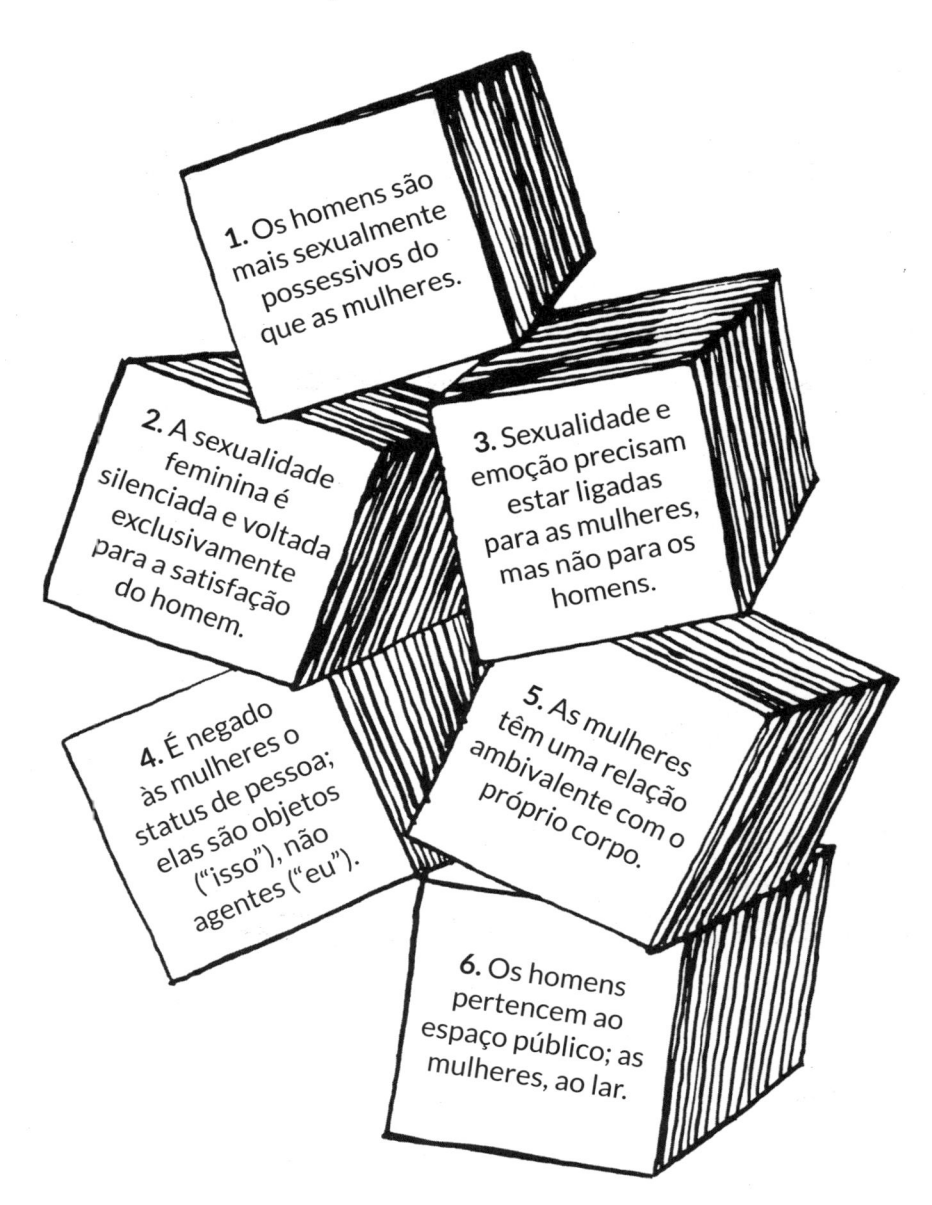

1. Os homens são mais sexualmente possessivos do que as mulheres.

2. A sexualidade feminina é silenciada e voltada exclusivamente para a satisfação do homem.

3. Sexualidade e emoção precisam estar ligadas para as mulheres, mas não para os homens.

4. É negado às mulheres o status de pessoa; elas são objetos ("isso"), não agentes ("eu").

5. As mulheres têm uma relação ambivalente com o próprio corpo.

6. Os homens pertencem ao espaço público; as mulheres, ao lar.

## A separação da mãe

Chodorow estava interessada menos em investigar as relações sexuais do que em perguntar por que as mulheres decidem ser mães mesmo quando as condições sociais não as forçam a assumir esse papel. Ela refutou a sugestão de Freud de que, para as mulheres, ter filhos é um meio de compensar a inveja do pênis.

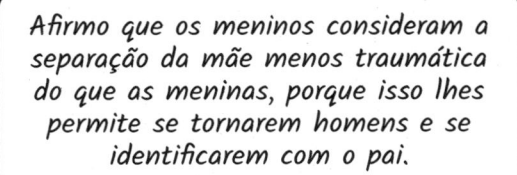

*Afirmo que os meninos consideram a separação da mãe menos traumática do que as meninas, porque isso lhes permite se tornarem homens e se identificarem com o pai.*

*As meninas sofrem de "simbiose prolongada" e "superidentificação narcisista", porque se veem como uma continuação da mãe.*

Nancy Chodorow

Para o menino, a separação da mãe gera deficiências emocionais e a ideia de luta pela sobrevivência, que o prepara para o papel público de macho rival. Em contraste, a menina que permanece apegada à mãe é capaz de sentir empatia, formando relacionamento íntimos e calorosos que são a base do mundo doméstico privado.

*Se as crianças fossem criadas igualmente pela mãe e pelo pai, essas assimetrias seriam minimizadas.*

*As meninas aprenderiam com o pai a controlar a empatia, e os meninos aprenderiam a equilibrar autonomia e expressão emocional.*

# Adrienne Rich

**Adrienne Rich** (1929-2012) defendeu a maternidade biológica e argumentou contra as ideias de Firestone e Oakley.

Em seu livro *Of Woman Born* (Nascidos de mulher, 1976), Rich observou que a experiência feminina da gestação, do parto e da criação dos filhos era cada vez mais controlada por médicos homens, que vinham substituindo as parteiras.

*Esse controle da reprodução e do corpo da mulher permite a perpetuação dos princípios patriarcais que ditam às mulheres quando comer, dormir, exercitar-se, fazer sexo, amamentar, sentir prazer e suportar a dor.*

Adrienne Rich

Rich concluiu que, se retomassem o controle sobre o próprio corpo durante a gestação e fossem capazes de criar os filhos sem a interferência de representantes masculinos do sistema patriarcal, as mulheres se tornariam menos alienadas de seu corpo, de seu espírito e da instituição da maternidade.

Uma feminista que se identificava como lésbica, Rich cunhou o termo "**heterossexualidade compulsória**" em 1980. Ela afirmava que a sociedade patriarcal dita que as mulheres devem escolher homens como parceiros sexuais, perpetuando a ideologia do romance heterossexual. Em consequência, a sexualidade lésbica é vista como desviante e transgressora.

*A ênfase na primazia do relacionamento homem-mulher impede o desenvolvimento de laços de sororidade entre as mulheres.*

Rich expandiu a definição de relacionamento lésbico, incluindo aí laços íntimos de amizade e apoio. Isso provocou controvérsia nos grupos feministas lésbicos, que insistiam que a identificação como lésbica precisava englobar as práticas políticas e sexuais da mulher.

# Gin/Ecologia

**Mary Daly** (1928-2010) foi uma filósofa e teóloga feminista radical. Em 1973, ela publicou *God the Father* (Deus pai), em que defendia que a função de Deus em todas as religiões é "servir de paradigma legitimador da instituição do patriarcado".

> Se a reivindicação da condição de pessoa pelos homens se baseia na suposição de que foram criados à imagem de Deus, então, pelo processo de **imposição de poder**, eles marginalizam as mulheres como não pessoas, como objetos **im**pessoais, o Outro.

> Aconselho as feministas a defenderem a noção de Deus como **imanência** e a dissociar Deus do gênero.

Mary Daly

Em *Gyn/Ecology* (Gin/Ecologia, 1978), seu livro mais famoso, ela rejeitou inteiramente a palavra "Deus" e incentivou as mulheres a acessar a "mulher selvagem" dentro de si que as libertará das restrições sociais do comportamento feminino. Daly defendia a revisão da linguagem, que essencialmente representa a experiência de mundo dos homens. Ela publicou também um dicionário feminista, o *Webster's First New Intergalactic Wickedary of the English Language* (Primeiro e novo dicionário maroto intergalático Webster's da língua inglesa, 1987).

## Os anos 1980

Na década de 1980, o movimento feminista se tornou alvo de inúmeros ataques de acadêmicos, jornalistas e formadores de opinião que diziam às mulheres que sua luta por direitos iguais já fora vencida e chegara ao fim.

As mulheres foram convidadas a retornar ao lar e a cumprir seu papel de mães e esposas, beneficiando-se dos limitados direitos políticos e sociais que tinham conquistado.

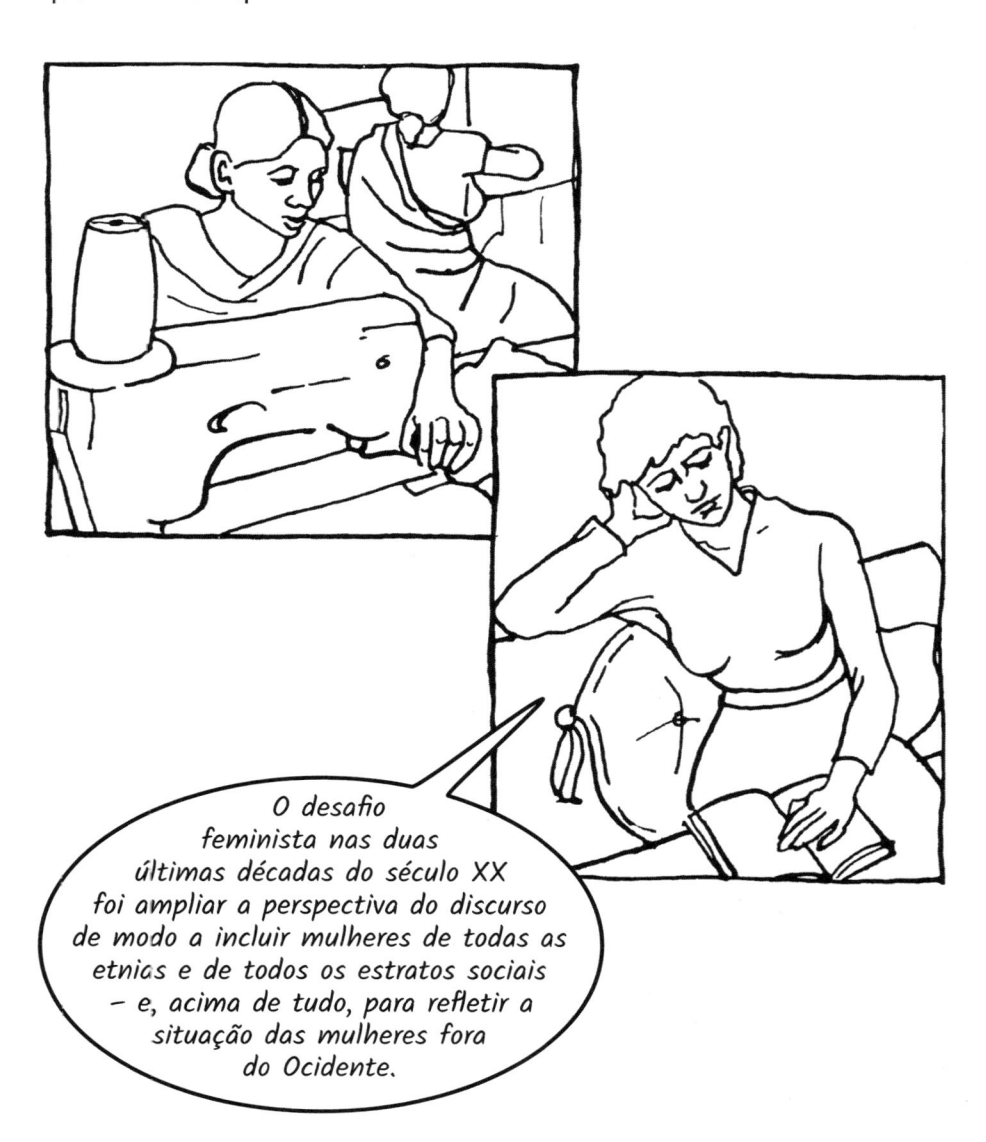

*O desafio feminista nas duas últimas décadas do século XX foi ampliar a perspectiva do discurso de modo a incluir mulheres de todas as etnias e de todos os estratos sociais — e, acima de tudo, para refletir a situação das mulheres fora do Ocidente.*

# A experiência do feminismo para as mulheres negras

Embora a primeira onda do feminismo afirmasse abordar as necessidades e preocupações de todas as mulheres, só na segunda onda começamos a ver expressões públicas da importância do feminismo para mulheres não brancas. Apesar das antigas ativistas que falavam em público sobre a abolição da escravidão nos Estados Unidos, somente no fim do século XX mulheres negras começaram a teorizar o significado do feminismo negro.

A preocupação central do pensamento feminista negro é a impossibilidade de separar **raça** e **gênero**. Muitas feministas negras se recusam a se ver como *mulheres* em primeiro lugar.

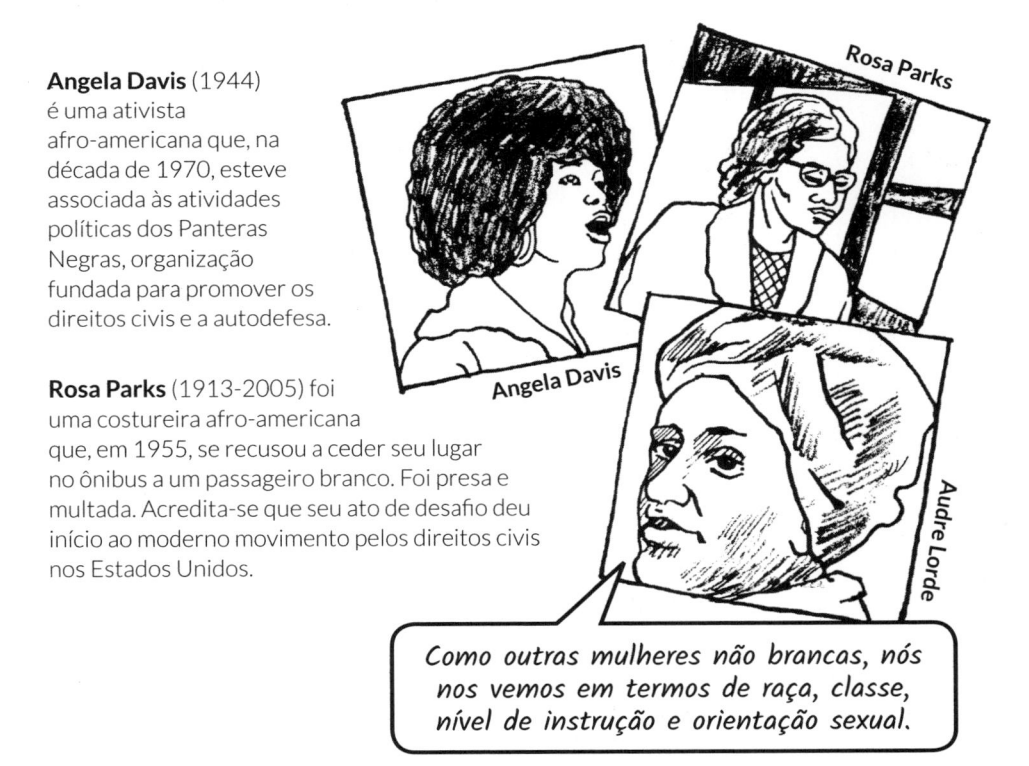

**Angela Davis** (1944) é uma ativista afro-americana que, na década de 1970, esteve associada às atividades políticas dos Panteras Negras, organização fundada para promover os direitos civis e a autodefesa.

**Rosa Parks** (1913-2005) foi uma costureira afro-americana que, em 1955, se recusou a ceder seu lugar no ônibus a um passageiro branco. Foi presa e multada. Acredita-se que seu ato de desafio deu início ao moderno movimento pelos direitos civis nos Estados Unidos.

*Como outras mulheres não brancas, nós nos vemos em termos de raça, classe, nível de instrução e orientação sexual.*

Por isso, o feminismo negro se coloca à parte ao feminismo convencional, visto como um movimento que atende principalmente aos interesses de mulheres brancas, instruídas e de classe média.

Essas ideias estão ilustradas na explicação de **Audre Lorde**, que, como "socialista, feminista, lésbica e negra de 49 anos, mãe de dois filhos – um deles menino –, frutos de um relacionamento inter-racial", não queria se dissociar de nenhum aspecto de sua identidade em seu ativismo feminista. Lorde conclui que, para alcançar a Unicidade e escapar do sentimento incessante de Alteridade...

... *integrarei todas as partes de quem sou, às claras, permitindo que o poder de fontes específicas de minhas vivências fluam livremente por todos os meus diversos eus, sem restrições de definição imposta de fora para dentro.*

## Primeiras expressões do feminismo negro

**Sojourner Truth** (1797-1883) foi uma abolicionista americana que também defendeu os direitos das mulheres negras. Ela começou sua carreira como pregadora e viajou pelos Estados Unidos ajudando negros libertos a arranjar emprego. Na década de 1850, envolveu-se com o movimento pelos direitos das mulheres e acrescentou a luta pelo sufrágio à luta pela libertação dos negros escravizados. Analfabeta, Truth ditou sua autobiografia a um amigo e se tornou uma figura pública bem conhecida, que atraía multidões.

> Em 1864, no ápice da Guerra de Secessão, recebi Sojourner Truth na Casa Branca.

Abraham Lincoln — Sojourner Truth

## Não sou uma mulher?

Truth fez seu discurso mais famoso, "Ain't I a Woman?" ("E eu não sou uma mulher?"), em 1851, numa convenção sobre direitos das mulheres. Dizem que ela questionou um ministro protestante que afirmara que os homens merecem privilégios por serem intelectualmente superiores às mulheres e por Deus ter criado Jesus como homem.

*Não sou uma mulher? Gerei 13 filhos e vi quase todos serem vendidos como escravos. Quando chorei com minha dor de mãe, só Jesus me escutou! Não sou uma mulher?*

*Aquele homenzinho de roupa preta diz que as mulheres não podem ter tantos direitos quanto os homens porque Cristo não era mulher! De onde veio seu Cristo?*

O discurso costuma ser citado como o ponto de partida do ativismo político feminista negro, embora, em vários aspectos, fale mais sobre a condição do corpo racializado e feminilizado.

**Harriet Tubman** (1822?-1913) talvez tenha sido a ativista negra mais combativa de seu tempo.

> *Fugi da escravidão e, como Truth, passei a vida ajudando negros a escapar para o Norte antes da Guerra de Secessão.*

> *Dizem que ela serviu de batedora, espiã e enfermeira do Exército dos Estados Unidos.*

Harriet Tubman

Como defensora dos direitos das mulheres negras, Tubman participou da Conferência Nacional de Mulheres de Cor da América (NCCWA), em 1895. Mais tarde, tornou-se forte apoiadora do sufrágio feminino. A vida de Tubman foi repleta de histórias de desobediência e rebelião. No entanto, ela tinha interesse principalmente em erradicar a opressão racial e só abordava questões de gênero quando discutia o sofrimento das mulheres negras. Em reconhecimento por seus esforços, o serviço postal americano lançou um selo para homenageá-la na série Black Heritage (Herança negra).

# Frances Harper

Muitas ativistas negras do século XIX começaram a vida política como abolicionistas e acrescentaram o feminismo à sua pauta só depois do fim da Guerra de Secessão. Poucas delas pareciam diferenciar o feminismo branco do feminismo negro. No entanto, o caso de **Frances E. W. Harper** (1825-1911) é um exemplo do conflito entre raça e gênero que caracterizaria o movimento feminista negro da segunda onda.

Ao contrário de Truth e Tubman, que eram analfabetas e nascidas na escravidão, Frances Harper era ativista, palestrante, poeta e romancista muito instruída.

*Nasci numa família de negros libertos e me formei na prestigiada Academia da Juventude Negra, onde estudei grego, latim e a Bíblia.*

Frances Harper

Ela conquistou fama como oradora inteligente e persuasiva e foi apelidada de "Musa de Bronze". Teve papel ativo na Associação Americana pelo Sufrágio da Mulher e no Conselho Nacional de Mulheres. Onde quer que palestrasse, Harper insistia em defender, especificamente, a causa das mulheres afro-americanas.

> Repreendi o Congresso Mundial de Mulheres Representativas, em 1893, por negligenciar os interesses das mulheres negras.

> Trabalhei intimamente com Elizabeth Cady Stanton e Susan B. Anthony na Associação Americana por Direitos Iguais.

No entanto, sua relação com as ativistas brancas foi posta à prova com a aprovação da 15ª Emenda à Constituição dos Estados Unidos, que concedeu o direito de voto aos homens negros. Stanton e Anthony criticaram muito essa emenda por considerarem que as mulheres brancas tinham mais direito ao voto do que os homens negros. Nesse caso, a lealdade de Harper foi, em primeiro lugar, à sua raça, e não a seu gênero, e ela cortou relações com as ativistas brancas.

## O Coletivo Combahee River

A insistência de Frances Harper em se definir primeiro como cidadã negra e só depois como mulher foi registrada num dos primeiros manifestos do feminismo negro. O **Coletivo Combahee River** de feministas negras se reuniu pela primeira vez em 1974, com a meta de "definir e esclarecer sua política".

*Em 1982, publicamos um manifesto para anunciar nosso compromisso ativo com a luta contra a opressão racial, sexual, heterossexual e de classe.*

O manifesto ressaltava a participação das mulheres não brancas na política da segunda onda e declarava que só as negras podem identificar suas necessidades e escrever sobre sua identidade. Também declarava que a distribuição de poder não hierárquica e coletiva poderia abrir caminho para uma sociedade revolucionária na qual a opressão baseada em gênero e discriminação sexual seria questionada e erradicada.

Como mulheres negras, vemos o feminismo negro como o movimento político lógico para combater as múltiplas opressões simultâneas que todas as mulheres não brancas enfrentam.

As feministas negras e muito mais mulheres negras que não se definem como feministas sofremos opressão sexual como um fator constante em nossa existência cotidiana.

Nós acreditamos que, sob o patriarcado, a política sexual é tão onipresente na vida da mulher negra quanto as políticas de classe e raça.

Achamos difícil separar a opressão racial das opressões de classe e sexual porque, em nossa vida, elas costumam ser vivenciadas ao mesmo tempo.

Lutamos ao lado dos homens negros contra o racismo, embora também lutemos contra os homens negros na questão do machismo.

Como feministas e lésbicas negras, sabemos que temos uma tarefa revolucionária bem definida a cumprir e estamos prontas para uma vida inteira dedicada à luta e ao trabalho.

# Ginocentrismo e feminismo negro

O Coletivo Combahee River coincidiu com o florescimento, na década de 1970, do feminismo **ginocêntrico**, que reconhecia o gênero como um princípio organizador da identidade individual e das estruturas sociais. As críticas feministas negras debatiam se era possível articular as experiências distintas das mulheres negras por meio da interação com as de outros grupos. No entanto, muitas foram contrárias a adotar um entendimento separatista ou exclusivista do feminismo negro.

> Sempre soube que, quando se escreve a partir do ponto de vista negro, também se escreve a partir da experiência universal. [...] Sei que não é preciso embranquecer para ser universal.

Sonia Sanchez

# bell hooks

**bell hooks** (1952) é uma das mais prolíficas escritoras e críticas sociais do feminismo negro. O título de seu primeiro livro, *E eu não sou uma mulher?* (1981), é inspirado no discurso de Sojourner Truth e o evoca claramente. O livro examina a marginalização da mulher negra na teoria e no movimento feminista contemporâneo. Ela optou por grafar seu nome sempre em minúsculas – para manter a ênfase em suas ideias, não em sua figura pessoal – e associa seu ativismo por direitos iguais para as mulheres aos seus esforços para combater a opressão racial.

> Assim, diversas vezes critiquei feministas brancas, como Betty Friedan e Naomi Wolf, que não abordam em seus textos questões de raça e classe.
>
> bell hooks

Em seus ensaios e discursos, hooks destaca a necessidade de reconhecer e celebrar a diversidade das mulheres e de lutar contra o "uso exclusivista do termo 'feminismo'" pelas mulheres brancas de classe média. Notoriamente, ela insistiu que as mulheres deveriam parar de se declarar feministas para, em vez disso, anunciar que *defendem* o feminismo.

# Alice Walker

**Alice Walker** (1944) talvez seja a escritora negra mais lida nos Estados Unidos. Ela se envolveu intensamente no movimento pelos direitos civis e publicou ensaios sobre a opressão das mulheres negras americanas.

> Cunhei o termo **mulherista** para denotar a atividade feminista que aborda especificamente as dificuldades enfrentadas pelas mulheres negras.

Walker publicou várias obras de ficção que causaram polêmica entre críticos negros por descreverem os homens negros como maridos machistas e violentos. Foi acusada muitas vezes de cumplicidade com os estereótipos brancos dos homens negros, mas se defendeu afirmando que sua ficção tenta ressaltar problemas que há muito tempo são considerados tabus.

A publicação de *In Search of Our Mother's Gardens: Womanist Prose* (Em busca do jardim de nossa mãe: Prosa mulherista, 1983), uma coletânea de ensaios de Walker, marcou o início de uma época de ginocrítica negra e influenciou muitas pensadoras feministas do mundo inteiro.

> Muitas mulheres em países em desenvolvimento que não adotam os princípios do feminismo branco ocidental consideraram a palavra "mulherista" uma alternativa útil para descrever seu empenho em conquistar a emancipação e lutar por igualdade.

Walker definiu "mulherista" como a "mulher não branca comprometida com a totalidade de um povo, homens e mulheres". Assim, a palavra se torna uma alternativa a "feminista" e exprime uma noção coletiva de solidariedade com a própria raça e cultura, assim como com o próprio gênero.

# Ficção popular na década de 1980

Em *A mulher eunuco*, Germaine Greer faz a célebre afirmação de que os romances de amor são o "ópio da super-subalterna" e descreve o herói romântico como a "invenção das mulheres que apreciam as correntes de sua própria servidão". As histórias românticas publicadas em revistas femininas e nos livros da editora Mills & Boon geraram muito debate na década de 1980.

**Ann Douglas** considerou o fenômeno do romance de massa um sintoma da "cultura da pornografia leve".

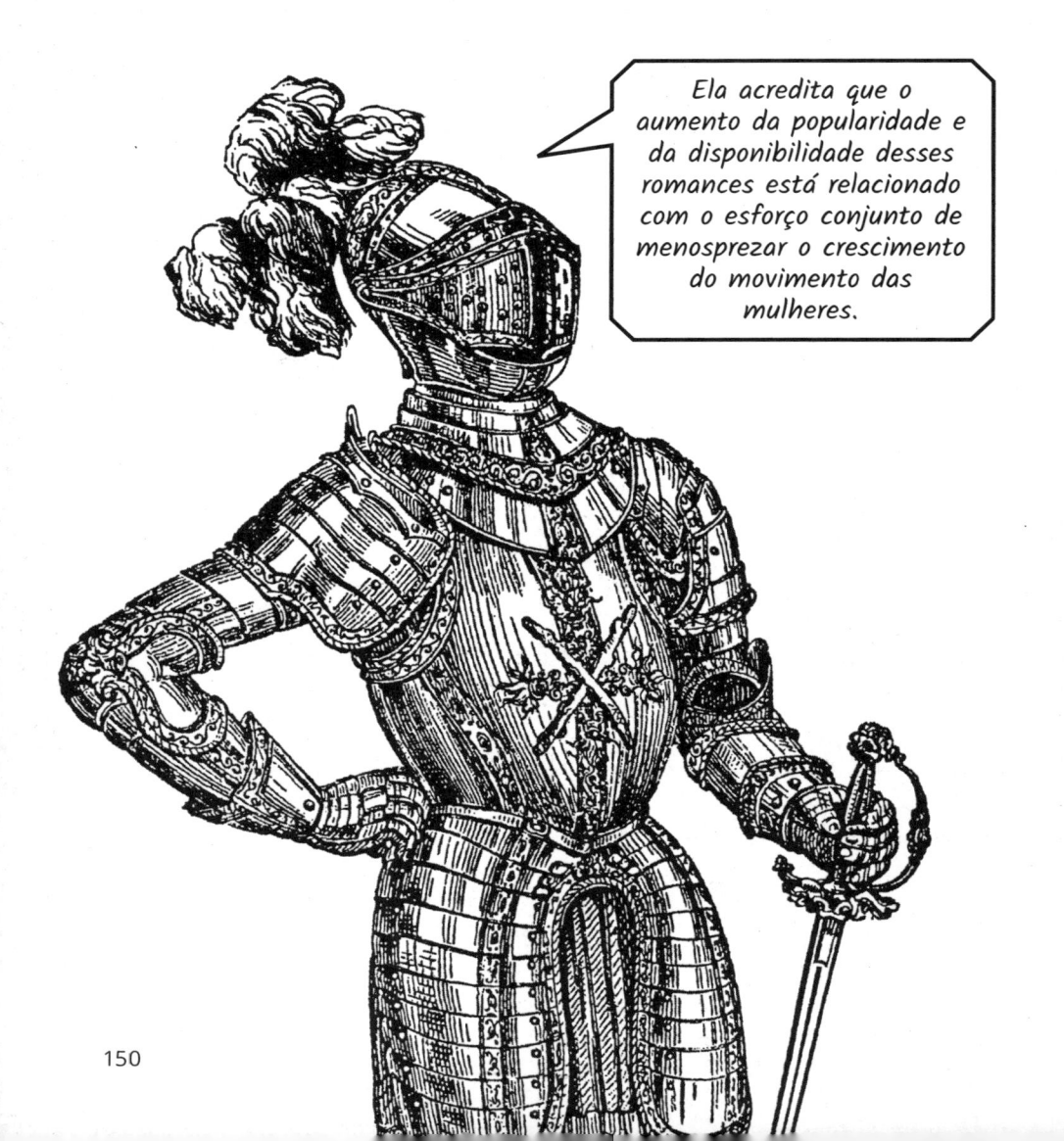

> Ela acredita que o aumento da popularidade e da disponibilidade desses romances está relacionado com o esforço conjunto de menosprezar o crescimento do movimento das mulheres.

> O movimento das mulheres as incentivava a se verem como indivíduos, e não como tipos: anjo, santa, mãe, prostituta, filha dedicada, etc.

> O romance de massa fez parte da reação contra as atividades feministas para libertar as mulheres dos estereótipos a seu respeito perpetuados durante séculos.

No entanto, outras críticas feministas questionaram a passividade das mulheres como leitoras e se recusaram a aceitar a sugestão de que as mulheres acreditavam nos estereótipos que lhes eram oferecidos nos romances de amor e os adotavam. **Tania Modleski** (1949) é uma feminista marxista que escreve sobre a representação das mulheres nos meios de comunicação populares. Seu primeiro livro, *Loving with a Vengeance* (Amar ao extremo, 1982), examina as formas tradicionais de escrita voltadas para mulheres, como os romances de banca de jornal da editora Harlequin, o romance "gótico" e as novelas de TV.

# O poder do romance

Modleski defende, em seu livro, que ler ficção romântica pode ser uma expressão feminina de resistência. Em geral, os livros de amor contam a história de um homem aparentemente sem coração nem sentimentos que acaba se apaixonando e pedindo em casamento a heroína que o domou e o subjugou com sua virtude e pureza.

> Esse tipo de enredo permite que as mulheres casadas, presas em relacionamentos em que não se sentem amadas nem cuidadas, sintam certo empoderamento.

Tania Modleski

Elas podem fantasiar que seus homens, que não lhes dão valor, na verdade são heróis românticos misteriosos que só podem ser controlados pela esposa. Essa é uma fantasia de poder na qual os homens se alinham aos desejos da mulher.

## Feminismo e pornografia

Embora o debate sobre o valor da leitura de histórias românticas fosse relativamente calmo e discreto, as feministas continuam divididas em relação ao material sexualmente explícito na ficção e nos meios de comunicação. Elas divergem na interpretação do significado e da função social da pornografia.

As feministas radicais adotam a posição antipornografia e afirmam que todo material sexualmente explícito é difamatório para as mulheres. **Andrea Dworkin** e **Catherine MacKinnon** são suas principais expoentes. Elas já tentaram fazer com que a produção de pornografia fosse considerada uma violação de direitos civis.

*A pornografia revela a ideologia da dominação masculina, que alega que os homens são superiores às mulheres em virtude do pênis [...] e que o uso do corpo feminino com propósitos sexuais ou reprodutivos é um direito natural dos homens.*

Andrea Dworkin

As ativistas antipornografia argumentam que a disponibilidade do material nos meios de comunicação escritos e visuais está ligada ao abuso sexual de mulheres na sociedade.

> Distinguimos **erotismo**, que representa mulheres desfrutando de encontros sexuais e encontrando realização neles...

> ... de **tanatismo**, que denota imagens sexualmente explícitas de mulheres sendo possuídas física e involuntariamente, desmembradas em situações sexualmente coercivas.

Outro grupo adota uma posição mais libertária. Na Grã-Bretanha, por exemplo, o selo Black Lace, lançado em 1993, foi considerado um modelo positivo de como produzir material pornográfico especialmente para o público feminino. A crítica **Nancy Friday** fez carreira compilando e examinando as fantasias sexuais das mulheres. Ela visava desconstruir a dicotomia santa/meretriz e celebrar o prazer erótico da mulher em suas várias representações.

# O feminismo e o corpo

As feministas da segunda onda questionaram a definição de feminilidade da sociedade e sua insistência em igualar os homens à "mente" e as mulheres à natureza e ao "corpo". Já na década de 1970, as feministas tinham consciência do poder do **olhar masculino** de objetificar o corpo feminino, fixando-o em fotografias, quadros e outras formas de arte.

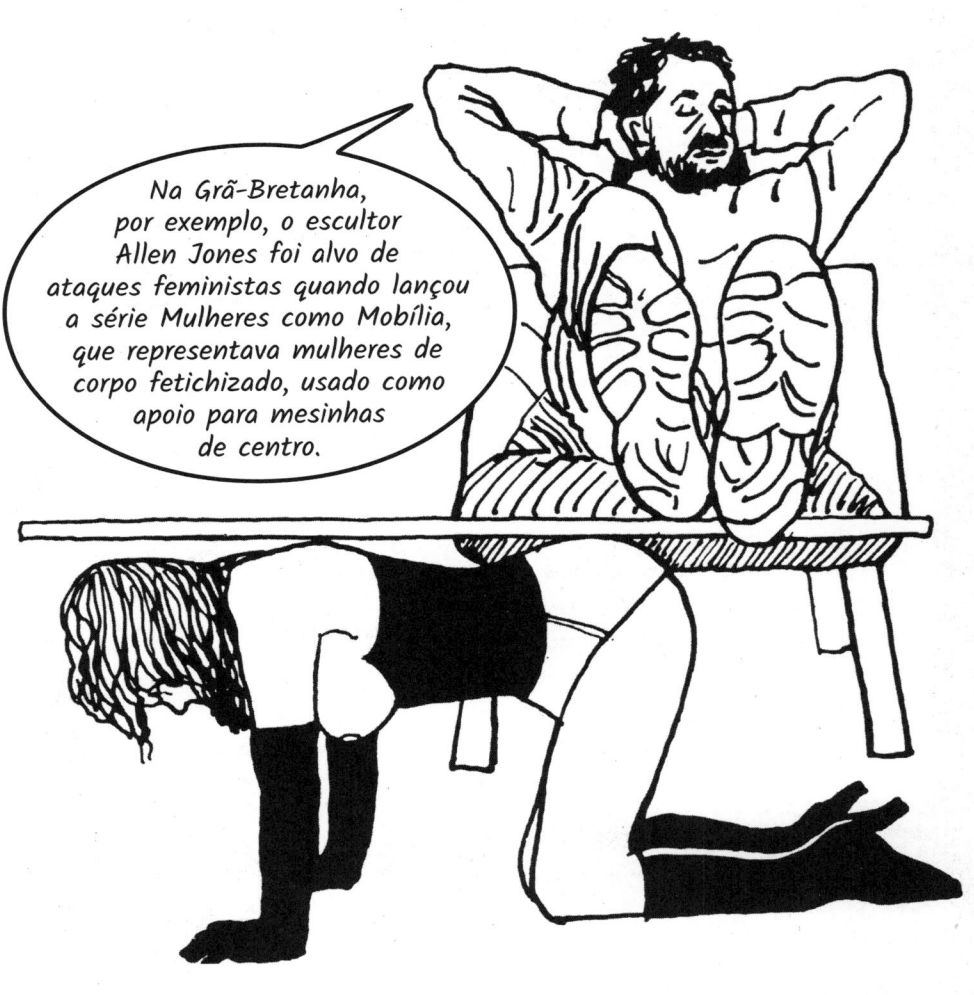

*Na Grã-Bretanha, por exemplo, o escultor Allen Jones foi alvo de ataques feministas quando lançou a série Mulheres como Mobília, que representava mulheres de corpo fetichizado, usado como apoio para mesinhas de centro.*

As ativistas feministas questionam essa representação dos estereótipos tradicionais da feminilidade, porque é pelos meios de comunicação que as consumidoras internalizam a identidade de gênero.

Em 1978, **Susie Orbach** publicou *Fat Is a Feminist issue* (A gordura é uma questão feminista), no qual discute transtornos alimentares como a bulimia e a anorexia como mecanismos de recusa à objetificação sexual. Orbach foi terapeuta da Princesa Diana.

> *Lutei para tomar posse de meu corpo, continuamente fotografado, discutido e objetificado pelos meios de comunicação.*

Na década de 1980, o movimento feminista girava em torno de tentativas de **retomar** o corpo feminino, com a desconstrução dos estereótipos e dos objetos visuais que o definiam. As críticas feministas estavam determinadas a identificar e analisar a **ideologia** subjacente e as **condições sociais** que produziam imagens de mulheres como mercadorias.

No entanto, foi só na década de 1990 que o debate sobre a representação do corpo feminino se desenvolveu mais. Foram apresentadas várias teorias sobre como as mulheres são "vistas" pelos homens.

A modelo britânica Kate Moss, famosa por sua magreza, sua imagem abatida e pelo ar juvenil e inocente, provocou controvérsia entre as pensadoras feministas.

*Kate Moss não era curvilínea e não se comportava como uma mulher fatal.*

*Em vez disso, sua aparência conotava o poder das meninas, pois ela se vestia com roupas de "garoto" numa época em que se acreditava que as mulheres deveriam agir como homens para competir no mercado de trabalho.*

Quer esguio e magro, quer curvilíneo e voluptuoso, o corpo feminino ideal sempre foi objeto de fascínio e fetichismo.

# O mito da beleza

Em 1990, **Naomi Wolf** publicou o best-seller *O mito da beleza: Como as imagens de beleza são usadas contra as mulheres*. Ela destacou a forte influência dos meios de comunicação sobre a percepção que as mulheres têm do próprio corpo.

> As mulheres têm sentimentos de inadequação, imperfeição e complexo de inferioridade por serem bombardeadas com representações visuais do "corpo ideal".

> Embora tenham conquistado bastante influência pública, elas perderam sua relação privada com o próprio corpo.

Naomi Wolf

A indústria da moda foi a principal culpada, responsável pelo aumento na ocorrência de transtornos alimentares e cirurgias cosméticas. Wolf chamou esse fenômeno de "mito da beleza", uma forma de reação às conquistas do movimento feminista da década de 1980.

Embora não resolvesse o problema do mito da beleza no primeiro livro, mais tarde Wolf publicou *Fogo com fogo* (1993), no qual claramente afirma que a solução está nas próprias mulheres e critica quem se entrega ao chamado "**feminismo vitimista**".

> Insisto que, em vez disso, elas adotem um tipo de **feminismo empoderado** que lhes permita exercer autonomia sobre seu corpo e sua vida.

Sua declaração foi polêmica, principalmente para as feministas que não acreditam que as mulheres devam combater "fogo com fogo", isto é, usar táticas masculinas para lutar contra os homens.

# O grotesco

A compreensão e a teorização feministas do corpo da mulher continuam a ser questões espinhosas, que se complicam ainda mais com as teorias sobre travestismo e as concepções pós-modernas do corpo **grotesco**.

**Mikhail Bakhtin** define o grotesco como qualquer entidade que transgrida a ordem social e seja exilada às margens da etiqueta e do decoro.

*Mikhail Bakhtin*

*O corpo grotesco existe fora das normas socialmente aceitas.*

**Mary Russo** argumenta que qualquer prática vista como grotesca pode ser lida como "feminilizada", porque, tradicionalmente, o corpo feminino sempre foi visto como corrupto e impuro. O corpo feminino, associado a sangue, fluido amniótico e secreção de leite, é muitas vezes identificado como o supremo exemplo do grotesco.

Muitos artistas e escritores criativos usaram o corpo grotesco para ilustrar seu potencial revolucionário, notadamente a contista inglesa **Angela Carter**, que se apropria com frequência de imagens grotescas em sua descrição de corpos femininos que não se adéquam às expectativas sociais.

> Aproveito várias imagens grotescas para expor e criticar os processos envolvidos na criação de imagens aceitáveis do corpo feminino.

Angela Carter

Esta página e a anterior são inspiradas no livro *A câmara sangrenta*, de Angela Carter

## O feminismo e a questão de gênero

Recentemente, surgiu uma nova disciplina nos círculos acadêmicos chamada "estudos de gênero". O nome indica um tipo de pensamento sobre a dinâmica das experiências feminina e masculina. Em 1989, Elaine Showalter, que já fizera campanha pela prática da ginocrítica para estabelecer a tradição literária matrilinear das mulheres, declarou que estava na hora de começar a ler textos escritos por homens.

*Ela defende que as mulheres deveriam ler esses textos não como ilustrações de machismo e misoginia, mas como representações da diferença sexual.*

*E que deveriam estudar a masculinidade do mesmo modo que estudam a feminilidade – vendo a ambos como papéis socialmente construídos.*

A abordagem de gênero de Showalter se alinha à de outras feministas anglo-americanas, como Ann Oakley, que faz a distinção entre sexo (biologia) e gênero (construção social dos papéis feminino e masculino).

# Feminismo desconstrutivista

No entanto, outras críticas feministas consideram essa distinção problemática, principalmente **Judith Butler** (1956), uma das mais importantes teóricas contemporâneas do feminismo desconstrutivista. Sua abordagem questiona noções de "femealidade" que são consideradas naturais na sociedade.

> Butler afirma que as distinções de gênero só são válidas se aceitarmos um sistema social baseado em oposições binárias, isto é, que considere as mulheres **opostas** ao homem e o "feminino" oposto ao "masculino".

Butler discorda da divisão sexo/gênero e enfatiza o fenômeno do **travestismo** como uma atividade que desafia a distinção absoluta de sexo e gênero iniciada pelo discurso heterossexual. O travestismo oferece ao indivíduo um conceito mais amplo de identidade de gênero que não "normaliza o dualismo macho/fêmea".

## Os homens de volta ao centro do palco?

Por sua vez, Tania Modleski discorda do convite de Showalter para preferir os estudos de gênero aos estudos de mulheres e alerta para os perigos envolvidos em trazer "os homens de volta ao centro do palco". Em seu livro *Feminism without Women: Culture and Criticism in a Postfeminist Age* (Feminismo sem mulheres: Cultura e crítica numa era pós-feminista, 1991), ela advertiu que a disciplina de estudos de gênero poderia privar as mulheres de um elemento fundamental de solidariedade coletiva.

*Elas estão sendo afastadas do pensamento sobre sua identidade como mulheres e levadas a pensar sobre sua identidade em relação aos homens.*

Tania Modleski

Modleski lê o interesse em estudos de gênero como parte de uma reação **pós-feminista** contra o feminismo.

# Girl Power

Na década de 1990, o grupo de música pop Spice Girls trouxe o fenômeno do **girl power**, o poder das garotas, que afirmava que as mulheres são sujeitos sexuais que devem reivindicar os privilégios masculinos sem deixar sua feminilidade de lado. O *girl power* contradizia a afirmação da segunda onda do feminismo de que as tendências da moda e os padrões tradicionais de beleza oprimem e objetificam as mulheres.

> Com o *girl power*, podemos usar as expectativas de comportamento feminino da sociedade para manipular o patriarcado e alcançar o sucesso através da conexão entre mulheres.

Muitas feministas reagiram com veemência ao surgimento do *girl power*, principalmente Germaine Greer, que o atacou em seu livro *A mulher inteira* (1999) com base no marketing cínico, voltado para meninas jovens, de adornos tradicionais da feminilidade sexualizada.

# O feminismo e o mundo em desenvolvimento

Existem mulheres oprimidas em muitos países. No entanto, o discurso do feminismo ocidental costuma relegá-las a uma posição marginal, usando rótulos universais como "mulheres do Terceiro Mundo" para denotar uma rica variedade de categorias culturais, raciais e de classe.

> A categorização da história do feminismo em "ondas" definidas por personalidades e acontecimentos americanos e europeus não se aplica à nossa condição nem a reflete.

As feministas nos países em desenvolvimento resistem à injustiça social de um modo que, em geral, não coincide com o movimento visto nos países desenvolvidos. Às vezes, isso leva a mal-entendidos e interpretações errôneas de sua luta, suas metas e seus objetivos.

Teóricas feministas como **Chandra Talpade Mohanty** atacam o modo como as ativistas do antigo "Primeiro Mundo" representam as mulheres do "Terceiro Mundo". Ela observa que, em geral, as mulheres dos países desenvolvidos são mostradas como fortes e assertivas, no controle de seu destino e de seu corpo.

> *Enquanto isso, as mulheres nos países em desenvolvimento são sempre retratadas como vítimas de uma ordem patriarcal que rouba sua voz, dita seu destino e as força à dependência financeira.*

Chandra Talpade Mohanty

Mohanty condena as representações ocidentais equivocadas dessas mulheres como sexualmente reprimidas, ignorantes e indefesas.

## A subalterna

Outro debate crítico foi levantado por **Gayatri Spivak** em sua concepção do "subalterno". Spivak denuncia o feminismo ocidental por falar **pelas** mulheres não ocidentais e roubar sua voz política. Essa prática marginaliza as mulheres não ocidentais e ignora seu esforço no combate à injustiça social e política.

> *Quando falam ou escrevem a partir da cultura ocidental, as mulheres não ocidentais destroem o mito da unidade que as feministas ocidentais louvam há muito tempo.*

Gayatri Spivak

No entanto, Spivak adverte que essa voz tão diferente não deve ser vista como ameaça ao feminismo ocidental; pelo contrário, o discurso de alteridade deve ser incorporado para enriquecer a "comunidade imaginária de mulheres" que Mohanty identificou.

# Questionando rituais

Outro ramo do feminismo nos países em desenvolvimento tenta lidar com práticas sociais específicas como a circuncisão feminina, o *saty* e a "compra de noivas".

> **Saty** ou **suttee** é a prática tradicional de a esposa se sacrificar nas chamas da pira funerária do marido morto.

> Foi considerada ilegal pelos britânicos em 1829, mas até recentemente existia em aldeias remotas da Índia.

O preço da noiva é uma quantia paga pelo noivo em troca da mulher e do dote que ela traz consigo.

Feministas como **Nawal Saadawi** e **Fatima Mernissi** escreveram extensivamente sobre as complicadas consequências sociais e culturais de questionar rituais que, com frequência de maneira equivocada, são associados a práticas religiosas. Elas enfrentaram muitas críticas e provocaram debates acalorados com suas declarações de que é comum abrir mão da autonomia feminina em nome dos costumes.

# O que é feminismo?

Em 27 de abril de 1895, a revista *The Athenaeum* definiu "feminista" como a mulher que "tem em si a capacidade de lutar pelo caminho de volta à independência".

"Homens e mulheres engajados politicamente em questões feministas deveriam evitar rotular-se de feministas; em vez disso, deveriam substituir 'Sou feminista' por 'Defendo o feminismo', para enfatizar a base ideológica de sua crença." (bell hooks)

"NÃO SOU UMA BONECA BARBIE." (cartaz portado por uma jovem na passeata da Greve das Mulheres por Igualdade de 1970)

"O feminismo pede ao mundo que reconheça, finalmente, que as mulheres não são ornamentos decorativos, vasos valiosos, integrantes de um grupo de 'interesse especial'." (Susan Faludi)

"A mulherista está para a feminista como o roxo para o lilás." (Alice Walker)

"Sou feminista, e para mim isso significa praticamente o mesmo que o fato de ser negra: significa que tenho que me comprometer a me amar e me respeitar como se minha própria vida dependesse do amor-próprio e do respeito próprio." (June Jordan)

Susan Faludi

*A pauta do feminismo é simples: o movimento pede que as mulheres não sejam forçadas a escolher entre a justiça pública e a felicidade privada.*

"Que a mulher então siga em frente – não pedindo favores, mas reivindicando como direito seu a remoção de todos os obstáculos à sua elevação na escala do ser –, que receba incentivo para o cultivo apropriado de todas as suas potencialidades, para que possa entrar de forma lucrativa no negócio ativo da vida." (Lucretia Mott)

# Marcos

**1645** A Grã-Bretanha enforca bruxas.
**1646** As colônias de Massachusetts e Connecticut executam bruxas.
**1650** Leis inglesas e de puritanos americanos sobre adultério.
**1700** Em Berlim, mulheres solteiras são forçadas a pagar um imposto especial.
**1792** Mary Wollstonecraft publica *Reivindicação dos direitos da mulher*.
**1832** A Grã-Bretanha aprova a Lei da Reforma, que concede o direito de voto à classe média.
**1837** Mary Lyon funda o Seminário Feminino Monte Holyoke para educar mulheres na Nova Inglaterra.
**1839** O estado do Mississippi aprova a primeira lei dos Estados Unidos sobre o direito à propriedade das mulheres casadas.
Aprovação da Lei da Guarda de Menores na Grã-Bretanha.
**1847** Na Grã-Bretanha, a lei trabalhista restringe a jornada de trabalho de mulheres e crianças ao máximo de 10 horas por dia.
**1848** Convenção de Seneca Falls.
Aberto o Queen's College para mulheres em Londres.
**1857** A Lei do Divórcio e das Causas Matrimoniais cria o tribunal de divórcio civil em Londres.
**1858** Elizabeth Blackwell se torna a primeira médica autorizada a clinicar na Grã-Bretanha e nos Estados Unidos.
**1869** Fundação da Associação Nacional pelo Sufrágio Feminino.
Aberto em Cambridge o Girton College para mulheres.
**1870** Aprovada a Lei de Propriedade das Mulheres Casadas na Grã-Bretanha.
A Lei de Educação britânica permite que as mulheres frequentem a universidade, mas não que recebam o diploma.
**1871** Victoria Woodhull concorre à Presidência dos Estados Unidos.
**1876** As escolas de medicina britânicas passam a aceitar mulheres.
**1879** Abertura da Women's College em Oxford Radcliffe.
**1892** Legalização do voto das mulheres na Nova Zelândia.
**1895** A palavra "feminista" é usada pela primeira vez, na resenha de um livro na revista *The Athenaeum*.
**1903** Fundada a Women's Social and Political Union.

**1906** O jornal londrino *Daily Mail* cunha a palavra "*suffragette*".
Fundada a Federação Nacional de Mulheres Trabalhadoras no Reino Unido.
**1907** As mulheres podem ser eleitas para conselhos de *boroughs* e condados segundo a Lei de Qualificação de Mulheres (Reino Unido).
**1908** Uma manifestação em apoio ao sufrágio feminino reúne 250 mil pessoas no Hyde Park, em Londres.
**1909** Primeira passeata pelo sufrágio feminino em Nova York.
Aprovada a Lei do Tráfico de Escravas Brancas, que proíbe o transporte transatlântico de mulheres com "propósitos imorais".
**1915** O primeiro Women's Institute da Grã-Bretanha é fundado no norte do País de Gales.
**1916** É aberta a primeira clínica de planejamento familiar nos Estados Unidos.
**1918** As mulheres com mais de 30 anos conquistam o direito de voto na Grã-Bretanha.
**1922** A Lei da Propriedade permite que tanto o marido quanto a esposa herdem propriedades na Grã-Bretanha.
**1928** Todas as mulheres da Grã-Bretanha recebem o mesmo direito de voto dos homens.
**1939** Surge a expressão "Rosie the Riveter" (Rosie, a rebitadora) para se referir às mulheres empregadas no setor de defesa americano.
**1950** As Nações Unidas redigem convenções sobre os direitos das mulheres.
**1956** A Lei de Crimes Sexuais da Grã-Bretanha define o estupro com critérios específicos.
**1960** O primeiro contraceptivo oral é desenvolvido nos Estados Unidos.
**1961** Criada a comissão americana sobre a condição da mulher.
A pílula anticoncepcional é aprovada pela Food and Drug Administration (Administração de Alimentos e Remédios, FDA) dos Estados Unidos.
**1966** Fundada nos Estados Unidos a Organização Nacional de Mulheres.
**1967** A pílula anticoncepcional chega ao mercado da Grã-Bretanha.
**1968** Protesto contra o Miss América.
Na Grã-Bretanha, operárias da fábrica Ford em Dagenham fazem greve, levando à aprovação da Lei de Salários Iguais.

**1969** Primeiro programa de Estudos Femininos na Universidade de San Diego.
**1970** Primeira Conferência Nacional pela Libertação da Mulher realizada na Grã-Bretanha, no Ruskin College; começa aí o Movimento de Libertação da Mulher.
O concurso de Miss Mundo é interrompido por manifestantes feministas.
**1971** Fundada a revista *Ms*.
**1972** Fundada a revista *Spare Rib*.
**1975** A Lei da Discriminação Sexual garante tratamento igualitário a homens e mulheres no trabalho, na educação e no treinamento (Grã-Bretanha).
A Lei de Proteção ao Emprego cria a licença-maternidade (Grã-Bretanha).
Criada a Campanha Nacional pelo Aborto na Grã-Bretanha.
**1977** Primeiro Centro para Vítimas de Estupro aberto em Londres.
**1978** Criada a Federação de Auxílio à Mulher da Irlanda do Norte.
Criada a Organização de Mulheres de Origem Africana e Asiática.
**1979** Fundada a revista *Feminist Review*.
**1984** Realizada a Conferência Feminista Negra nacional na Grã-Bretanha.
**1985** Primeira conferência lésbica negra realizada na Grã-Bretanha.
Lei da Proibição da Circuncisão Feminina (Grã-Bretanha).
**1987** Criada a Fundação da Maioria Feminista, com campanhas por educação, proteção e saúde da mulher (Estados Unidos).
**1994** Aprovação da Lei da Violência contra a Mulher (Estados Unidos).
**1996** Fundada a Coalizão de Mulheres da Irlanda do Norte.
**2000** A Suprema Corte dos Estados Unidos invalida trechos da Lei de Violência contra a Mulher e permite que vítimas de estupro, violência doméstica, etc. processem seus agressores em tribunais federais.
**2001** Criado em Londres o Registro de Parcerias, para que casais de lésbicas, gays e heterossexuais não casados registrem sua união.
**2002** Na Grã-Bretanha, o Parlamento aprova medidas que permitem a adoção de crianças por lésbicas e casais não casados.
**2006** É aprovada no Brasil a Lei Maria da Penha, com o objetivo de punir de maneira adequada e coibir atos de violência doméstica.

# Outras leituras

Rosemary Tong, *Feminist Thought: A More Comprehensive Introduction* (2ª ed.), publicado por Westview Press (1998): texto indispensável que oferece análises das principais escolas de pensamento feminista.

Sarah Gamble, *The Routledge Companion to Feminism and Postfeminism* (re-editado em 2001): contém ensaios críticos e um glossário de termos importantes.

Linda Nicholson, *The Second Wave: A Reader in Feminist Theory* (1997): inclui leituras primárias importantes de críticas feministas, prefaciadas por análises críticas lúcidas e suas ideias.

*The Feminist Papers from Adams to De Beauvoir*, organizado por Alice S. Rossi (1988): valiosa coletânea de ensaios e discursos de importantes pensadoras feministas.

Um livro indispensável é *The Body* (2005), de Mariam Fraser e Monica Greco, uma compilação de ensaios importantes sobre a representação do corpo na literatura, nos meios de comunicação populares e em várias culturas.

## Referências adicionais

Betterton, Rosemary, *An Intimate Distance: Women, Artists and the Body* (Londres: Routledge, 1996)

Brooks, Ann, *Postfeminisms: Feminism, Cultural Theory and Cultural Forms* (Londres: Routledge, 1990)

Bulbeck, Chilla, *Re-Orienting Western Feminisms: Women's Diversity in a Postcolonial World* (Cambridge: Cambridge University Press, 1998)

Chedzgoy, Kate, *et. al.* (Org.), *Voicing Women: Gender and Sexuality in Early Modern Writing* [1996] (Edimburgo: Edinburgh University Press, 1998)

Davies, Miranda, *Third World-Second Sex* (Londres: Sen Books, 1983)

Dworkin, Andrea, *Pornography: Men Possessing Women* (Nova York: Perigee, 1981)

El Saadawi, Nawal, *The Hidden Face of Eve: Women in the Arab World* [1972] (Londres: Zed Books, 1980)

Jaggar, Alison, *et. al.* (Org.), *A Companion to Feminist Philosophy* (Oxford: Blackwell, 1998)

Marks, Elaine e De Courtivron, Isabelle (Org.), *New French Feminisms* (Brighton: Harvester, 1981)
Mernissi, Fatima, *Women and Islam* [1987] (Oxford: Blackwell, 1991)
Mitchell, Susan, *The Matriarchs: Twelve Australian Women Talk About Their Lives* (Melbourne: Penguin, 1987)
Russo, Mary, *The Female Grotesque: Risk, Excess and Modernity* (Londres: Routledge, 1995)
Spivak, Gayatri Chakravorty, *In Other Words: Essays in Culture and Politics* (Nova York: Methuen, 1987)
Wajcman, Judy, *Feminism Confronts Technology* (Cambridge: Polity, 1991)
Wieringa, Saskia (Org.), *Subversive Women – Women's Movements in Africa, Asia, Latin America and the Caribbean* (Déli: Kali for Women, 1995)

## Sobre autora e ilustradora

**Cathia Jenainati** é professora associada de Inglês e Estudos em Literatura Comparada da Universidade de Warwick (Inglaterra). Ministra cursos sobre literatura americana e canadense e teoria literária feminista.

**Judy Groves** é pintora e ilustradora. Ilustrou muitos volumes da coleção "Um guia gráfico", como *Wittgenstein, Lacan, Platão, Chomsky, Filosofia* e *Filosofia política*.

# Agradecimentos

## Da autora

Quero agradecer a Helen Sampson (ex-Icon Books) por esta encomenda e a Duncan Heath pela paciência e pela revisão meticulosa do texto. Também agradeço às minhas duas famílias, Jenainati e Van Nieuwerburgh, pelo apoio constante e pelo amor incondicional.

## Da ilustradora

Muito obrigada a Oscar Zarate pela ilustração da página 85. Agradeço também a Minnie Stolboff, Linda Knutson e Kaiya Waerea por me permitir usá-las como modelos para algumas poses.

## CONHEÇA OS LIVROS DA COLEÇÃO

Feminismo: Um guia gráfico

Nietzsche: Um guia gráfico

Para saber mais sobre os títulos e autores da Editora Sextante, visite o nosso site. Além de informações sobre os próximos lançamentos, você terá acesso a conteúdos exclusivos e poderá participar de promoções e sorteios.

**sextante.com.br**